# CAMP AND GRILL

## GRILLGENUSS ON THE ROAD

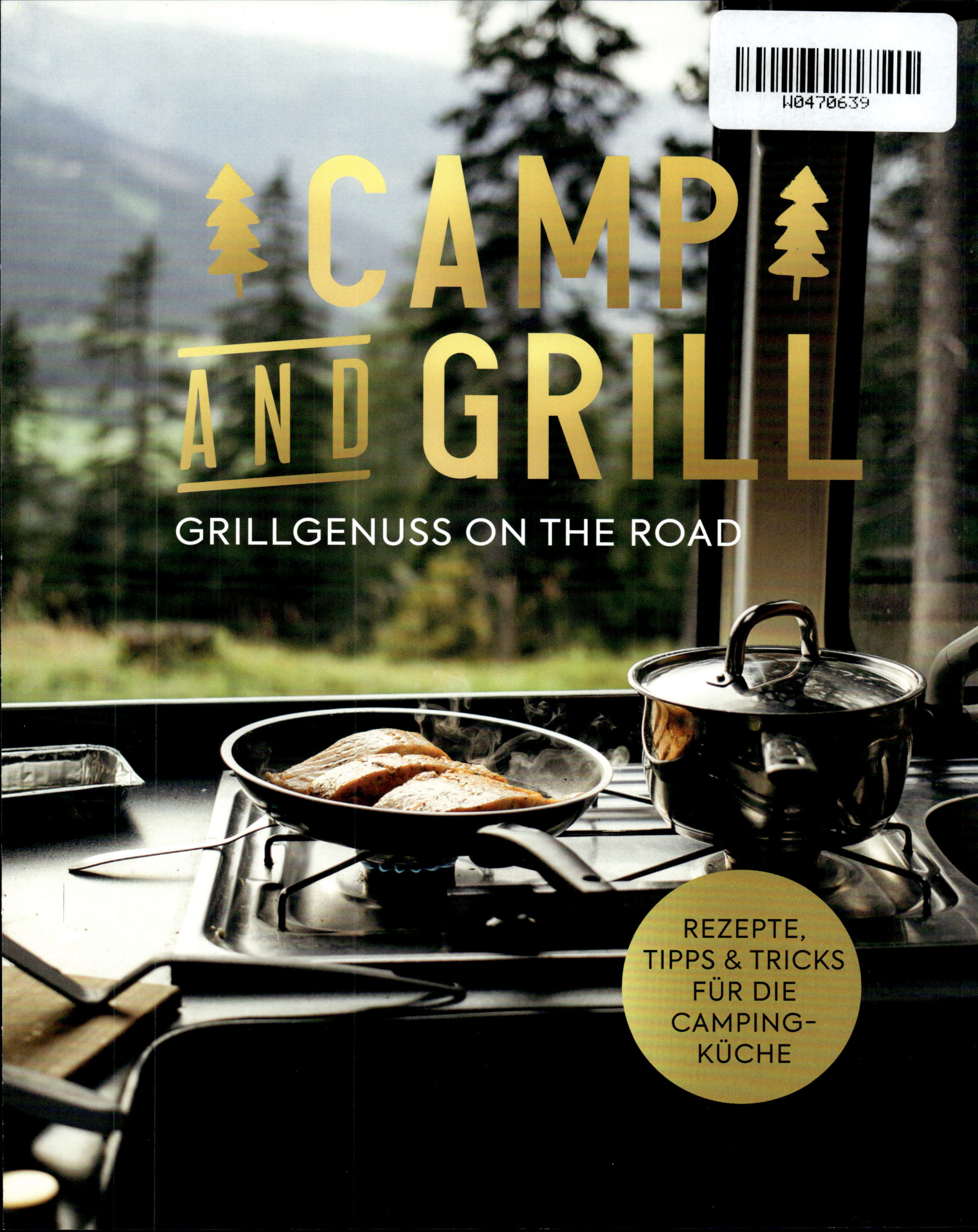

REZEPTE,
TIPPS & TRICKS
FÜR DIE
CAMPING-
KÜCHE

# Camp, grill & COOK

Urlaub, Camping, Abenteuer und Kulinarik ...
Moment mal, Kulinarik? Camping und Outdoor-Abenteuer verbindet man doch eher meistens mit einer einfachen und unkomplizierten Küche, in der oft zu Fertiggerichten gegriffen wird.

Nicht so mit diesem Kochbuch! Denn viele Gerichte können Sie mit einem zusätzlichen Küchengadget ganz einfach zubereiten: Ein Grill findet so gut wie in jeder Camping-Ausrüstung Platz. Je nach Bedarf gibt es nämlich verschiedene Modelle, die für jeden Zweck einsetzbar sind. Ob kleiner Kompaktgrill oder Kugelgrill – die Auswahl ist groß.

Und wer einen Grill, egal welcher Art und Form, zu seinem Equipment zählen kann, wird feststellen, dass sich damit wahnsinnig raffinierte Gerichte zubereiten lassen. Ob Miesmuscheln vom Grill, leckere Lammkoteletts mit Pimientos oder mariniertes Grillgemüse, ob Nudelsalat, Sandwiches und Eintöpfe: Beim Campen sind Ihnen in Sachen Verpflegung keinerlei Grenzen gesetzt!

Selbst gemachte Saucen, Dips und Beilagen runden die Rezeptauswahl in diesem Buch noch zusätzlich ab. Und auch leckere Getränkekreationen warten darauf, von Ihnen und Ihren Mitreisenden ausprobiert zu werden und für die nötige Erfrischung zu sorgen.

Also auf zu neuen Abenteuern!

# INHALT

# GRUNDLAGEN

# Ihre Ausstattung
## FÜR DAS CAMPING-KOCH-ERLEBNIS

*Nudeln mit Pesto gehören längst der Vergangenheit an, wenn es um Mahlzeiten und Essen beim Campingurlaub geht. Denn mittlerweile sind Campingplätze so gut ausgestattet, dass man dort regelrecht schon so gut wie in seiner eigenen Küche kochen und grillen kann. Zu Beginn finden Sie eine Übersicht der Dinge und Ausstattung, die Sie für Ihre Campingküche im Allgemeinen benötigen.*

- jeweils 4 tiefe, flache und kleine Teller
- Müslischalen
- Tassen, Kaffeebecher
- jeweils 4 Wasser- und Weingläser
- Pinnchen
- Messer, Gabel, Löffel, Teelöffel
- scharfes Küchenmesser
- Brotmesser
- Schneidebrett (1 x groß, 1 x klein)
- Schere
- Feuerzeug plus Gas
- Schüsseln für Salat, Obst etc.

- Pfanne, 2 Töpfe (verschiedene Größen)
- Topfuntersetzer
- Sparschäler
- Knoblauchpresse
- Schneebesen
- Pfannenwender
- Suppenkelle
- kleines Blech
- kleiner Schamott- oder Pizzastein
- Dosenöffner
- Zahnstocher
- Salz, Pfeffer, Lieblingsgewürze
- Topflappen
- Zucker / Süßstoff
- Öl

- verschließbare Aufbewahrungsboxen
- Gefriertüten zum Verschließen
- Frischhalteclips (alterntaiv Gummibänder)
- Müllbeutel
- Küchenrolle
- Lappen
- Schwamm
- Bürste
- Spüli
- 4 Geschirrhandtücher
- Wasserkocher / Kaffeemaschine
- Sieb
- Alufolie, Backpapier, Frischhaltefolie

# Die Wahl
# DES CAMPINGGRILLS

*Je nachdem wie man am liebsten campt, gibt es für alle Arten auch einen passenden Grill. Denn: Wenn Sie lediglich mit Zelt unterwegs sind, werden Sie kaum einen großen Elektro- oder Gasgrill im Gepäck haben. Hier gibt es eine kleine Übersicht, welcher Grill für welche Anforderungen und Zwecke geeignet ist.*

## RUNDER KUGELGASGRILL

Diese Grills sind absolute Allrounder: Sie lassen sich kompakt zerlegen, haben eine gute Hitze und lassen sich sehr gut reinigen. Außerdem gibt es auch einiges an Zubehör, z. B. Paella-Pfanne oder Pizzasteine.

## PORTABLER KOMPAKTGRILL

Der Kompaktgrill ist wohl die platzsparendste Variante, die Sie auf Ihrem Campingurlaub mitführen können. Er lässt sich wunderbar verstauen und braucht lediglich einen Stromanschluss. Nach einem kurzen Aufheizen ist er auch schon einsatzbereit. Grillgut wird gleichmäßig geröstet und bleibt innen wunderbar saftig. Wenden fällt auch weg, da Fleisch, Fisch und Gemüse zwischen zwei Metallplatten gleichmäßig gegart werden.

Besonders geeignet für Sandwiches, klassisches Grillgut, Gemüse und Fisch.

## BACKOFEN FÜR DIE HERDPLATTE

Besonders für Camper, die keinen Wohnwagen mit Backofenausstattung oder einen Grill mit Deckel haben, ist dieser kleine „Grilltopf" wahnsinnig gut geeignet. Lässt sich gut auf einen einfachen Campingkocher abstellen und sorgt durch seine Beschaffenheit für eine gleichmäßige Hitzeverteilung, die Ofengerichte, Brötchen und Kuchen zaubern kann. Zudem ist er sehr leicht und gut verstaubar.

## DER KLEINE HOLZKOHLEGRILL

Wer am liebsten auf Kohle grillt, aber etwas mehr Wert auf Qualität legt, sollte sich einmal sogenannte Handtaschengrills ansehen. Sie sind sehr klein und kompakt und damit bestens für Zelt- und Rucksackcamper geeignet.

## DER SCHASCHLIKGRILL

Schaschlikgrills sind kompakt und eignen sich hervorragend für Schaschlik, Steaks oder Bratwürste.

## FAZIT

Es gibt für jedes Bedürfnis einen passenden Grill. Mittlerweile gibt es sogar mobile Pelletsmoker. Die Hersteller haben den Marktwert vom Camping erkannt, sodass weitere Entwicklungen folgen werden. Mit dieser kleinen Übersicht liegen Sie aber auf jeden Fall richtig.

# Nützliches Equipment
## FÜR DEN CAMPING-GRILL

*Gerade wer einen Aufenthalt auf einem Campingplatz statt dem Wildcampen bevorzugt, wird schnell mit anderen Urlaubern und Gästen ins Gespräch kommen. Sei es, weil man selbst irgendetwas vergessen hat oder einfach um sich über die jeweiligen und unterschiedlichen Ausstattungen der Campingküchen auszutauschen. Einige Dinge können Sie allerdings guten Gewissens auf Ihre Packliste mit aufnehmen:*

- Grillzange
- Grillhandschuhe
- Grillbürste
- Reinigungsmittel für das Grillrost
- Grillpfanne aus Guss
- Anzündkamin
- Grillthermometer
- Grillpinsel zum Glasieren und Marinieren
- Handtücher
- Grillspieße
- Salz, Pfeffer, Rub
- scharfe Messer
- Brettchen
- Holzkohle
- Kohlebriketts
- Grillanzünder
- Dutch Oven oder gusseiserner Topf
- Grillwender (wenn die Grillzange an ihre Grenzen kommt)
- Burger-Patty-Presse
- Grillsaucen

### TIPP

**Sollten Sie mit einem Camper oder Wohnmobil reisen, empfiehlt es sich, all das Grill- und Kochequipment in ein bis zwei großen Boxen aufzubewahren.**

# Übersicht

# GRILLKERNTEMPERATUREN UND -METHODEN

*Rein theoretisch können Sie alles auf den Grill legen, wonach Ihnen gerade der Sinn steht. Beachten Sie allerdings besonders bei direktem Grillgut die entsprechenden Temperaturen. Auch die zwei gängigsten Grillmethoden finden Sie hier erklärt.*

## RINDERHACKFLEISCH:

Bei direkter Hitze (220 °C) die Pattys etwa 4 Minuten scharf anbraten. Im Anschluss bei indirekter Hitze weitere 5 Minuten gar ziehen lassen. Bei einer Kerntemperatur von bis zu 60 °C ist das Patty medium durchgegart.

## SCHWEIN:

Bei ganzen Fleischstücken wie Nackensteaks sollte die Grilltemperatur bei mind. 230 °C liegen. Die ideale Kerntemperatur liegt bei 70 °C, bei Schweinehackfleisch sollte sie mindestens 75 °C betragen.

## GEFLÜGEL:

Generell sollte Geflügel vollständig durchgaren. Bei einer Grilltemperatur von 140–200 °C wird die Mindestkerntemperatur von 80 °C erreicht.

## LAMM:

Am besten gart man Teile vom Lamm auf eine Weise, dass sie eine Kerntemperatur von 70–80 °C erreichen. Lammfleisch darf innen leicht rosa sein.

## FISCH:

Um ein Anbrennen oder Austrocknen zu vermeiden, reicht eine niedrige Grilltemperatur von 100–175 °C aus. Die ideale Kerntemperatur von Fisch liegt bei 60–65 °C.

## GEMÜSE:

Die besten Ergebnisse lassen sich erzielen, wenn das Gemüse bei indirekter Hitze bei maximal 180 °C gegrillt wird.

## FLEISCHALTERNATIVEN:

Tofu, Tempeh etc. können direkt auf dem Grillrost bei 170–230 °C gegrillt werden.

## GRILLMETHODEN:

**Direkt:**Beim direkten Grillen wird das Grillgut direkt über der Hitze platziert und gegrillt. Wichtig bei dieser Methode ist, dass Sie immer einen Blick auf Ihr Grillgut haben, da dieses manchmal schneller gar wird als erwartet.

**Indirekt:** Wenn Sie indirekt grillen, platzieren Sie Ihr Grillgut nicht direkt über der Glut. Dafür wird die Kohle so angeordnet, dass sie nicht unter dem gesamten Rost verteilt ist. Gut eignen sich hierfür Grills mit Deckel, allerdings ist es auch mit einer provisorischen Abdeckung aus Alufolie möglich. Hierbei müssten Sie dann etwas mehr Zeit einplanen.

*Rezepte*

# FLEISCH

FÜR
4 PORTIONEN

# Deftige BACON BOMBS

*Herzhaft und heiß – so kommen diese kleinen Kugeln daher, die es wirklich in sich haben! Perfekt für eine ausgiebige Grill-Session auf dem Campingplatz!*

## ZUTATEN

1 Brötchen oder 2 Scheiben Toast

1 Zwiebel

1 Knoblauchzehe

½ Bund Blattpetersilie

2 Stängel Majoran

600 g Schweinehackfleisch, gewürzt

1 Ei (Größe M)

1 EL getrocknetes Pilzpulver

1 EL Ketchup

1 EL Senf

Salz, Pfeffer

12 Scheiben Frühstücksbacon

4 Zweige Rosmarin

**Außerdem**

4 Stücke Schweinenetz (vom Metzger)

feuerfestes Garn

## ZUBEREITUNG

1 Brötchen oder Toastbrot in Wasser einweichen und anschließend ausdrücken. Zwiebel und Knoblauch schälen und fein würfeln bzw. -schneiden. Die Petersilie mit den Stielen und die Majoranblättchen fein hacken. Hackfleisch, Ei, Zwiebel, Knoblauch, Kräuter, Steinpilzpuder, Ketchup, Senf und Brötchen miteinander vermengen. Mit Salz und Pfeffer abschmecken.

2 Das Schweinenetz in einer Schöpfkelle (300 ml) platzieren, mit je 3 Baconscheiben auslegen und mit der Hackmasse füllen.

3 Vorsichtig zusammenklappen. Das Schweinenetz oben eindrehen und mit Garn zubinden.

4 Den Grill auf direktes Grillen bei hoher Hitze vorbereiten und die Bacon Bombs 5 Minuten direkt über der Glut grillen. Anschließend aus der direkten Hitze nehmen und 35 Minuten bei geschlossenem Deckel grillen. Mit Rosmarin garnieren und anrichten.

## TIPP

*Dazu passt ein grüner Bohnensalat (S. 94) oder leckeres Antipasti-Gemüse (S.116).*

FÜR
4 PORTIONEN

# Short RIBS

*Hier kommt ein Rezept für saftig-zarte Rippchen, die mit einem feinen Grillaroma versehen sind ... Die Rippchen brauchen vor allem eins, um zu gelingen: Zeit. Aber das Ergebnis lohnt sich allemal.*

## ZUTATEN

**Für die Marinade**

2 walnussgroße Stücke Ingwer

2 Chilischoten

1 EL Koriandersaat

4 Knoblauchzehen

200 ml Sojasauce

200 ml Rinderfond

200 ml Whiskey

200 g brauner Zucker

1 Bund Koriandergrün samt Stängel

**Für die Rippen**

1,5 kg Short Ribs (dicke Rippe), ca. 8 cm dick

Zucker

Salz

**Außerdem**

3 Handvoll Räucherspäne, in Wasser eingeweicht

BBQ-Sauce (S. 128)

4 Zweige Rosmarin

## ZUBEREITUNG

1 Für die Marinade den Ingwer schälen und fein würfeln. Die Chilischoten längs halbieren. Die Koriandersaat in einer Pfanne ohne Öl kurz anrösten und die Knoblauchzehen pellen und andrücken. Alle Zutaten für die Marinade in einen Topf geben und bei schwacher Hitze 20 Minuten köcheln lassen. Anschließend durch ein Sieb drücken.

2 Den Grill sehr gut aufheizen, sodass richtig Hitze entsteht. Die Short Ribs mit Zucker und Salz würzen, auf den Grillrost legen und bei direkter Hitze grillen, bis sie eine gute Farbe bekommen. Nun werden die Ribs indirekt weitergegrillt. Dafür den Deckel auflegen. Ab jetzt stündlich (insgesamt achtmal) das Fleisch mit der eingekochten Marinade rundum einpinseln und immer ein paar Räucherspäne in die Glut geben.

3 Nach etwa 8 Stunden sollten die Short Ribs sensationell aussehen und butterweich sein. Diese auf ein Brett legen, aufschneiden und mit BBQ-Sauce und frischem Rosmarin servieren.

## TIPP

*Sollten Sie keinen Grill mit Deckel zur Hand haben, können Sie sich aus mehreren Lagen Alufolie eine Abdeckung basteln und das Grillgut damit abdecken.*

FÜR
4 PORTIONEN

# CEVAPCICI AM SPIESS mit Maispüree

*Cevapcici darf auf keinem (Camping-)Grill fehlen. Auf Spießen serviert, lassen sie sich gut in die Hand nehmen und wegessen.*

## ZUTATEN

2 Knoblauchzehen

1 rote Zwiebel

3 EL Ajvar

1 TL Piment d´Espelette

1 TL edelsüßes Paprikapulver

5 EL Rapsöl

500 g Rinderhackfleisch (oder halb und halb mit Lamm bzw. Schwein)

2 TL Salz

1 TL Pfeffer

**Für das Püree**

30 g Kräuterbutter

4 vorgegarte Maiskolben

100 g Crème fraîche

Salz, Pfeffer

**Außerdem**

16 Holz- oder Metallspieße

## ZUBEREITUNG

1 Knoblauch und Zwiebel schälen und fein hacken, mit Ajvar und beiden Paprikagewürzen im Rapsöl anschwitzen und abkühlen lassen.

2 Hackfleisch sowie Salz und Pfeffer hinzufügen, alles gut miteinander vermengen und mit leicht angefeuchteten Händen etwa 8 cm lange Röllchen aus der Masse formen. 30 Minuten ruhen lassen.

3 Den Grill gut aufheizen. Die Fleischröllchen auf die Spieße stecken, bei direkter Hitze rundherum etwa 4 Minuten grillen, anschließend platzieren Sie die Spieße nicht direkt über der Glut und lassen Sie sie nochmals 4 Minuten gar ziehen.

4 Für das Püree die Kräuterbutter zerlassen und die vorgegarten Maiskolben großzügig mit einem Messer oder Pinsel damit einstreichen.

5 Maiskolben bei mittlerer Hitze grillen oder braten, bis sie leicht bräunen. Die Körner mit einem Messer abschaben und mit Crème fraîche pürieren, mit Salz und Pfeffer abschmecken.

## TIPP

*Wenn Holzspieße verwendet werden, sollte man diese vor der Verwendung einige Stunden wässern.*

FÜR
4 PORTIONEN

# LAMMKOTELETTS mit Pimientos

*Hier spielen zarte, knusprige und marinierte Lammkoteletts die Paraderolle. Sie kommen ganz ohne großes Beiwerk aus.*

## ZUTATEN

**Für die Marinade**

1 EL schwarze Pfefferkörner

1 TL Cayennepfeffer

1 TL Koriandersamen

1 TL Knoblauchgranulat

1 EL brauner Zucker

1 EL getrockneter Rosmarin

1 TL Salz

1 TL Abrieb von 1 Bio-Zitrone

1 EL Aceto balsamico

100 ml Olivenöl

**Für die Koteletts**

1,2 kg Lammkotelett

250 g Pimientos
(grüne Kirschpaprika)

etwas Olivenöl

**Außerdem**

Fleur de Sel

Grillschale

## ZUBEREITUNG

1 Die trockenen Zutaten für die Marinade mörsern, mit Aceto balsamico und Olivenöl zu einer Marinade verrühren.

2 Lammkoteletts mit der Marinade überziehen, mindestens 4 Stunden abgedeckt ruhen lassen.

3 Den Grill für direktes Grillen bei hoher Hitze vorbereiten. Pimientos putzen, waschen, ggf. den Stiel etwas kürzen. Anschließend mit etwas Olivenöl marinieren.

4 Lammkoteletts und Pimientos zusammen in eine Grillschale legen und insgesamt 8 Minuten grillen, dabei mehrfach wenden. Zum Schluss alles mit Fleur de Sel würzen.

FÜR 4 PORTIONEN

# Mango-Curry-SCHASCHLIK

*Schweinenackensteaks zählen zu den Klassiker auf dem Campingplatz. Zünftig auf Spieße gesteckt und mit einer fruchtigen Sauce serviert, bekommen sie einen exotischen Twist.*

## ZUTATEN

**Für die Spieße**

800 g Schweinenacken

Saft von 2 Zitronen

Salz und Pfeffer

je 1 gelbe und rote Paprikaschote

2 rote Zwiebeln

etwas Rapsöl

**Für die Mango-Curry-Sauce**

250 g Tomatenmark

5 EL Olivenöl

1 EL Currypulver

500 ml Cola

1 reife Mango

800 g gehackte Tomaten (aus der Dose)

Salz, Pfeffer

**Außerdem**

8 Holz- oder Metallspieße

## ZUBEREITUNG

1. Das Fleisch in Stücke schneiden (etwa 3–4 cm Kantenlänge), in eine Schüssel legen und mit Zitronensaft beträufeln. Salzen und pfeffern. Anschließend 3 Stunden abgedeckt in den Kühlschrank stellen. Die Spieße, sofern aus Holz, in der Zwischenzeit wässern.

2. Die beiden Paprikaschoten halbieren, entkernen, Trennwände entfernen und waschen. Zwiebeln schälen.

3. Für die Mango-Curry-Sauce Tomatenmark mit Olivenöl und Currypulver in einem Topf 2 Minuten anrösten, danach mit Cola ablöschen. Mango halbieren, entsteinen und schälen. Das Fruchtfleisch würfeln. Mit den gehackten Tomaten hinzugeben und 3 Minuten köcheln. Das Ganze pürieren und mit Salz und Pfeffer abschmecken.

4. Den Grill für direktes Grillen vorbereiten. Paprika und Zwiebeln klein schneiden, zum Fleisch in die Schüssel geben und mit einem Schuss Rapsöl gut durchmischen. Anschließend Fleisch und Gemüse auf die Spieße stecken.

5. Die Spieße auf den Grillrost legen und von allen Seiten insgesamt 10 Minuten grillen. Zum Servieren mit der Mango-Curry-Sauce überziehen.

HOME
MADE

FÜR
4 PORTIONEN

# Argentinisches CHORIPAN

*Bratwurstbrötchen sind Grillklassiker schlechthin und auch beim Campen immer eine gute Wahl. Wer es etwas würziger probieren möchte: Choripan ist eines der bekanntesten argentinischen Grillgerichte und leitet sich aus den Begriffen „Chorizo" (südamerikanische Wurstspezialität) und „Pan" (Brot) ab.*

## ZUTATEN

**Für das Tomaten-Zwiebel-Topping**

2 Tomaten

2 rote Zwiebeln

Salz

2–4 EL Apfelessig

**Für das Choripan**

4 Chorizos (spanische Wurstspezialität)

4 Brötchen (z. B. Baguette oder Ciabatta)

12 EL Chimichurri

## ZUBEREITUNG

1. Den Grill auf direktes Grillen vorbereiten.
2. Für das Tomaten-Zwiebel Topping die Tomaten und Zwiebeln in feine Ringe schneiden und mit 1 TL Salz in eine Schüssel geben und vermengen. Nach etwa 10 Minuten den Essig hinzufügen und weitere 15 Minuten ziehen lassen.
3. Die Chorizos werden nun bei direkter Hitze gegrillt, bis sie eine schöne braune Farbe haben. Parallel die Brötchen aufschneiden und auf dem Rost kurz aufbacken lassen.
4. Die Innenseite des Brötchens mit der Chimichurri bestreichen. Die Chorizos der Länge nach aufschneiden und aufklappen. Die Wurst mit auf das Brötchen legen und mit weiterer Sauce überziehen. Zum Schluss das Tomaten-Zwiebel-Topping darübergeben und servieren.

## TIPP

*Wenn Sie ein paar Brötchen zu viel besorgt haben, können Sie daraus einen leckeren Brotsalat (S. 84) zaubern.*

5ml

FÜR 4 PORTIONEN

# LAMMFLEISCH am Spieß

*Ein super Gericht, wenn der Hunger nicht mehr lange zurückgehalten werden kann. Denn für die Spieße benötigen Sie nur wenige Zutaten, was aber das Geschmackserlebnis nicht mindert!*

## ZUTATEN

1 kg Lammkeule

2 Zwiebeln

½ Bund Petersilie

1 Limette

Salz, Pfeffer

1 TL gemahlener Kreuzkümmel

4 EL Olivenöl

**Außerdem**

8 Metall- oder Holzspieße

## ZUBEREITUNG

1. Das Fleisch unter kaltem Wasser waschen, trocken tupfen, vom groben Fett befreien, in 3–5 cm große Würfel schneiden und in eine Schüssel geben.
2. Die Zwiebeln schälen, halbieren und fein hacken. Petersilie waschen, trocken schütteln, die Blättchen von den Stielen zupfen und ebenfalls sehr fein hacken. Limette halbieren und 1 Hälfte auspressen.
3. Zwiebeln, Petersilie, 1 TL Salz, 1 TL Pfeffer, Kreuzkümmel, Limettensaft und Olivenöl zum Fleisch geben und alles mit den Händen gut vermengen, sodass das Fleisch mit der Marinade bedeckt ist und diese gut eindringen kann. Mit Frischhaltefolie abdecken oder in ein verschließbares Gefäß geben und über Nacht marinieren lassen.
4. Den Grill auf direktes Grillen bei hoher Hitze vorbereiten. Fleisch auf Schaschlikspieße aus Metall oder auf Holzspieße, die zuvor in Wasser gelegt wurden, spießen. Für etwa 5 Minuten auf den Grill legen, dabei wenden, sodass das Fleisch gleichmäßig gar wird.

FÜR 4 PORTIONEN

# BESTES STEAK mit Kürbisstampf

*Auf dem Campingplatz steht die Hitze und Sie möchten natürlich nicht 2 Stunden am heißen Grill stehen, um ein leckeres Gericht zuzubereiten. Diese Steaks sind schnell zubereitet und werden durch den Kürbisstampf perfekt abgerundet.*

## ZUTATEN

**Für den Kürbis**

1 Hokkaidokürbis

1 Chilischote

1 walnussgroßes Stück Ingwer

2 Zweige Thymian

1 Zweig Rosmarin

2 EL Sweet-Chili-Sauce

4 EL Olivenöl

Salz, Pfeffer

4 EL Kürbiskerne

200 g Schmand

4 EL Kürbiskernöl

**Für das Steak**

4 Filet-Steaks (à ca. 250 g)

Salz, Pfeffer

1 Prise Zucker

**Außerdem**

gusseiserne Pfanne

## ZUBEREITUNG

1 Den Kürbis gut waschen (nicht schälen!), entkernen und in Spalten schneiden. Die Chilischote mit den Kernen fein hacken. Den Ingwer schälen und ebenfalls klein schneiden. Den Thymian klein zupfen und den Rosmarin ganz fein hacken. Chili, Ingwer und Kräuter mit der Sweet-Chili-Sauce und dem Olivenöl verrühren, mit Salz und Pfeffer abschmecken und die Kürbisspalten gut damit einreiben.

2 Die Kürbisspalten in eine Pfanne geben, auf den Grill stellen und bei indirekter Hitze und geschlossenem Deckel 25 Minuten garen lassen.

3 Die Kürbiskerne in einer Pfanne ohne Öl anrösten.

4 Die Steaks leicht salzen, zuckern und pfeffern und auf dem Grill bei hoher Hitze von jeder Seite 1 ½ Minuten direkt grillen. Anschließend in der Ruhezone des Grills 2 Minuten ruhen lassen.

5 Kurz vor dem Servieren die Kürbisspalten leicht zerdrücken, mit dem Schmand, dem Kürbiskernöl und den gerösteten Kernen verrühren und mit den Steaks anrichten.

## TIPP

*Wenn Sie keinen Deckel für Ihren Grill haben, versuchen Sie es mit dem Tipp von S. 20.*

FÜR
4 PORTIONEN

# SCHWEINESCHASCHLIK ungarischer Art

*Oft überlegt man beim Campen, was man heute essen soll. Diese Spieße sind die perfekte Wahl für alle Unentschlossenen. Die Marinade ist würzig und verleiht dem Schaschlik den letzten Schliff.*

## ZUTATEN

**Für die Spieße**

500 g Schweinenacken

300 g durchwachsener Speck (am Stück)

2 Paprika

2 Gemüsezwiebeln

**Für die Marinade**

1 TL Salz

1 TL edelsüßes Paprikapulver

1 TL Paprikapulver

1 TL Chilipulver

1 TL Knoblauchpulver

100 ml Erdnussöl

3 EL Tomatenmark

**Außerdem**

8 Metallspieße

## ZUBEREITUNG

1 Den Schweinenacken in 4 cm große Würfel schneiden. Den durchwachsenen Speck in 1 cm dicke Scheiben schneiden, in ähnlicher Größe wie den Schweinenacken. Gewürze, Öl und Tomatenmark zusammen mit beiden Fleischteilen in eine Schüssel geben und marinieren.

2 Die Paprika halbieren, putzen, waschen und in walnussgroße Stücke schneiden. Zwiebeln schälen und ebenfalls in walnussgroße Stücke schneiden.

3 Fleisch, Speck, Zwiebeln und Paprika abwechselnd auf einen Metallspieß stecken. Es sollten insgesamt 8 Spieße werden.

4 Den Grill sehr gut aufheizen, sodass er richtig heiß ist. Die Spieße auf einen Grillrost legen und für 1 Minute je Seite bei direkter Hitze scharf angrillen. Nach der Garzeit die Schaschlik-Spieße für 5 Minuten unter ständigem Wenden bei indirekter Hitze weitergrillen.

5 Zum Finalisieren die Spieße für einige Sekunden je Seite direkt unter die Flamme geben, bis die gewünschte Bräunung erreicht ist.

*Rezepte*

# FISCH & SEAFOOD

FÜR
4 PORTIONEN

# MIESMUSCHELN vom Grill

*Muschel- und Grillfreunde werden bei diesen direkt gegrillten Miesmuscheln garantiert mehrmals zugreifen. Lassen Sie mit einem Glas Weißwein und frischem Baguette einen schönen Urlaubstag ausklingen.*

## ZUTATEN

2 kg Miesmuscheln (küchenfertig)

100 g Butter

2–3 Knoblauchzehen

1 kleines Bund Zitronenthymian

1 Schuss Olivenöl

Saft und Zesten von 1 Bio-Zitrone

**Außerdem**

Grillschale

## ZUBEREITUNG

1 Den Grill gut aufheizen und für direktes Grillen vorbereiten.

2 Miesmuscheln verlesen, geöffnete Muscheln wegwerfen.

3 Die Butter in einem kleinen Topf auf dem Rost zerlassen. Knoblauch abziehen und fein hobeln. Zitronenthymian waschen, trocken schütteln, Blätter abziehen und grob hacken. Knoblauch, Zitronenthymian und Olivenöl zur Butter geben und 5 Minuten köcheln lassen.

4 Miesmuscheln kurz vor dem Grillen mit der zerlassenen Butter marinieren, dann in eine Grillschale geben und bei geschlossenem Deckel (oder mithilfe einer Alufolienabdeckung, s. Tipp S. 20) 10 Minuten grillen.

5 Mit Zitronensaft beträufeln und mit Zitronenzesten bestreuen. In einer großen Schüssel servieren.

FÜR
4 PORTIONEN

# Gegrillte FORELLE

*Eine große Herausforderung beim Grillen von ganzen Fischen liegt in der Kunst, den Fisch ganz auf den Grill und auch an einem Stück wieder vom Grill auf den Teller zu bekommen. Mit ein paar Zitronenscheiben gelingt es aber mit Sicherheit.*

## ZUTATEN

4 ganze Forellen (küchenfertig)

4 Bio-Zitronen

2 Schalotten

2 Knoblauchzehen

2 Limetten

2 TL grobes Meersalz

2 TL schwarzer Pfeffer

4 Stängel Dill

## ZUBEREITUNG

1 Den Grill gut aufheizen. Die Forellen gründlich abspülen und von allen Seiten trocken tupfen.

2 Die Zitronen in Scheiben schneiden. Schalotten und Knoblauch schälen und in grobe Stücke hacken. Limette halbieren und den Saft auspressen.

3 Die Forellen mit Salz und Pfeffer von innen würzen und mit Knoblauch, Schalotten, etwas Limettensaft und Dill füllen.

4 Die Zitronenscheiben auf den Rost dicht nebeneinanderlegen und die Forellen darauf platzieren. So wird der Fisch zum einen mit Zitrone aromatisiert und lässt sich zum anderen ohne Probleme wieder vom Grill herunternehmen, ohne dass Haut am Grillrost kleben bleibt.

5 Lassen Sie die Forellen bei direkter Hitze auf dem Rost garen. Je nach Größe der Forellen liegt die Garzeit zwischen 25 und 35 Minuten.

## TIPP

*Dazu passt ein herrlich grüner Bohnensalat mit Zitronenöl (S. 94) und frisches Baguette oder Ciabatta.*

FÜR 4 PORTIONEN

# Pulled-LACHS-BAGEL

*Praktisch für unterwegs oder als Snack für zwischendurch: Diese Bagel sind im wahrsten Sinne des Wortes eine richtig runde Sache.*

## ZUTATEN

1 Lachsseite mit Haut (ca. 1–1,2 kg)

½ Salatgurke

4 Bagels

**Für den Rub**

2 EL brauner Zucker

1 TL Salz

½ TL getrocknetes Knoblauchpulver

½ TL Zwiebelgranulat

**Für die Sauce**

1 Bund Dill

4 EL Honig

4 EL Senf

1 EL Frischkäse

Saft von ½ Limette

1 TL Öl

Salz, Pfeffer

## ZUBEREITUNG

1 Das Gerät auf indirektes Grillen bei niedriger bis mittlerer Hitze aufheizen.

2 Den Lachs auf Gräten kontrollieren und diese ggf. entfernen.

3 Für den Rub alle Zutaten vermischen und auf dem Lachs auftragen.

4 Den Lachs auf dem heißen Grill für 25–30 Minuten bei geschlossenem Deckel (oder mit Alufolie abgedeckt) auf indirekter Hitze angrillen. Der Lachs darf auf keinen Fall zu schnell und zu heiß gegart werden. Er ist gar, wenn der Fisch bei leichtem Druck auseinanderfällt. Dann diesen vom Grill nehmen.

5 In der Zwischenzeit den Dill für die Sauce waschen, trocknen, von den Stängeln befreien und fein hacken. Alle weiteren Zutaten in einer Schüssel verrühren und mit Salz und Pfeffer abschmecken. Die Sauce für 30 Minuten im Kühlschrank durchziehen lassen.

6 Die Gurke waschen und in feine Scheiben schneiden.

7 Die Bagels kurz rösten, aufschneiden und mit der Sauce, ein paar Gurkenscheiben und dem Lachs belegen.

FÜR
4 PORTIONEN

# JAKOBSMUSCHELN im Maisblatt

*Besonders im Sommer sind Fisch und Meeresfrüchte vom Grill eine echte Gaumenfreude.*

## ZUTATEN

**Für die Muschelpäckchen**

4 Maisblätter

8 Jakobsmuscheln (küchenfertig)

Salz, Pfeffer

**Für den Tomatensugo**

250 g rote Mini- oder Spitzpaprika

2 rote Zwiebeln

2 Knoblauchzehen

Olivenöl

2 TL geräuchertes Paprikapulver

½ TL Piment d´Espelette

1 TL Zucker

400 g gehackte Tomaten (aus der Dose)

2 EL Essig

Salz und Pfeffer

**Außerdem**

Küchengarn

## ZUBEREITUNG

1 Maisblätter in eine Schale mit Wasser legen und mit einem schweren Gegenstand, z. B. einem Stein, beschweren. 45 Minuten einweichen.

2 Den Grill auf direktes Grillen bei mittlerer bis hoher Hitze vorbereiten.

3 Für den Sugo die Paprika auf den Grill legen und grillen, bis sich schwarze Blasen bilden. Vom Grill nehmen, 15 Minuten abgedeckt abkühlen lassen.

4 Zwiebeln und Knoblauch schälen und fein schneiden, in Olivenöl anschwitzen. Geräuchertes Paprikapulver, Piment d´Espelette und Zucker zufügen, kurz mitrösten, dann mit Tomatenstücken und Essig ablöschen. 20 Minuten offen einköcheln, mit Salz und Pfeffer abschmecken.

5 Inzwischen die gegrillte Paprika enthäuten, entkernen und klein geschnitten zum Tomatensugo geben.

6 Maisblätter aus dem Wasser nehmen, etwas Öl in die Mitte träufeln und die Jakobsmuscheln darauflegen, salzen und pfeffern, dann den Tomatensugo darauf verteilen. Maisblätter möglichst dicht mit Küchengarn zu Schiffchen verschnüren.

7 Die Maisschiffchen bei direkter Hitze 8 Minuten grillen.

FÜR
4 PORTIONEN

# LACHSLASAGNE aus dem Topf

*Lasagne vom Grill? Klar, denn in der Campingküche ist fast alles möglich. Lachs, Ziegenkäse und Spinat vereinen sich, in einem gusseisernen Topf zubereitet, zu einem Gaumenschmaus!*

## ZUTATEN

**Für die Béchamelsauce**

60 g Butter

30 g Weizenmehl

500 ml Milch

Salz

Muskat

**Für die Lasagne**

2 EL Pflanzenöl

500 g Tomaten

Salz, Pfeffer

Zucker

300 g Lasagneblätter

200 g Ziegenfrischkäse

300 g TK-Spinat

600 g Lachsfilet

150 g Parmesan, gerieben

Basilikum (nach Belieben)

**Außerdem**

gusseiserner Topf

## ZUBEREITUNG

1. Für die Béchamelsauce den Topf in die Glut stellen und die Butter darin schmelzen. Das Weizenmehl dazugeben und mit der Butter zu einer hellen Mehlschwitze verrühren. Die kalte Milch hinzufügen und mit jeweils einer Prise Salz und Muskat würzen. Die Béchamelsauce unter ständigem Rühren aufkochen, bis sie dickflüssig ist.

2. Den Topf für die Lasagne im kalten Zustand mit Pflanzenöl einreiben. Die Tomaten waschen, vom Stielansatz befreien, mit einem Stabmixer pürieren und mit etwas Salz, Pfeffer und Zucker würzen.

3. Eine Kelle der pürierten Tomaten auf dem Boden des Topfes verteilen, darauf eine Schicht Nudelblätter platzieren. Auf den Nudelblättern einen Teil des Ziegenfrischkäses und des aufgetauten Spinats verteilen. Den Lachs würfeln, salzen und auf dem Spinat verteilen. Darüber eine Kelle Béchamelsauce und eine halbe Kelle pürierte Tomaten geben. Die erste Schicht mit Nudelblättern abdecken und die letzten Schritte wiederholen, bis alle Zutaten aufgebraucht sind. Auf der letzten Nudelplattenschicht eine Kelle Béchamelsauce und den geriebenen Parmesan verteilen.

4. Den Topf mit seinem Deckel verschließen. ⅔ der heißen Briketts oder Kohlen auf dem Deckel und ⅓ unter dem Topf verteilen. Die Lasagne etwa 45 Minuten backen und mit Basilikumblättern anrichten.

FÜR
4 PORTIONEN

# THUNFISCH-FRIKADELLE mit Ratatouille

*Auch wenn Sie nicht außerhalb der Landesgrenzen einen Campingurlaub machen, so können Sie mit einem leckeren Ratatouille und Fisch-Pattys für etwas mediterranen Flair direkt vom Grill sorgen.*

## ZUTATEN

**Für das Ratatouille**

2 Zucchinis

2 rote Paprika

2 Auberginen

4 Zwiebeln

2 Knoblauchzehen

3–4 EL neutrales Bratöl

500 g stückige Tomaten (aus der Dose)

Salz, Pfeffer

**Für die Frikadellen**

1 Bund Petersilie

600 g Thunfisch im eigenen Saft (aus der Dose)

2 TL Kapern

4 EL Quark (20 % Fett)

2 Eier (Größe L)

4 EL Mandelmehl (wahlweise gemahlene Mandeln)

Salz, Pfeffer

4 Msp. Chilipulver

## ZUBEREITUNG

1 Die Zucchini waschen, putzen, längs vierteln und die Viertel in etwa 1 cm dicke Stücke schneiden. Paprika längs halbieren, putzen, waschen und die Hälften in 1 cm große Würfel schneiden. Aubergine waschen, putzen und etwa 1 cm groß würfeln. Zwiebeln und Knoblauch schälen und klein hacken.

2 1 EL Öl in einem Topf erhitzen, darin Zwiebel und Knoblauch goldgelb andünsten. Die Hälfte davon abnehmen, den Rest in der Pfanne lassen. Das Gemüse zugeben und unter Wenden 2–3 Minuten anbraten. Die stückigen Tomaten zugeben. Alles salzen, pfeffern und offen bei mittlerer Hitze 25 Minuten garen, dabei zwischendurch umrühren.

3 Petersilie waschen, trocken schütteln, Blättchen abzupfen und fein hacken. Thunfisch abgießen und ausdrücken, dann mit einer Gabel fein zerpflücken. Kapern fein hacken. Mit der abgenommenen gebratenen Zwiebel-Knoblauch-Mischung, 2 EL gehackter Petersilie, Thunfisch, Quark, Ei und Mandelmehl mit einer Gabel zu einer formbaren Masse vermengen. Mit Salz, Pfeffer und Chilipulver würzen. Aus der Masse 12 Frikadellen formen.

4 Übriges Öl in einer beschichteten Pfanne erhitzen, darin die Frikadellen bei mittlerer Hitze beidseitig in jeweils 4–5 Minuten braun braten. Restliche Petersilie unter das Ratatouille mischen. Das Ratatouille auf Teller verteilen und mit den Frikadellen servieren.

FÜR
4 PORTIONEN

# SPARGEL-GARNELEN-PFANNE vom Grill

*Besonders beim Campen ist es doch am besten, wenn man möglichst wenig Equipment zum Kochen braucht. Daher bieten sich Gerichte wie diese aus der Pfanne besonders gut an.*

## ZUTATEN

300 g aufgetaute TK-Garnelen (küchenfertig)

500 g grüner Spargel

1 Knoblauchzehe

10 g frischer Ingwer

4 Tomaten

½ Bund Koriandergrün

2–3 EL neutrales Bratöl

2 EL Sojasauce

2–3 Spritzer Chilisauce (z. B. Sriracha)

Salz, Pfeffer

## ZUBEREITUNG

1 Die Garnelen in einem Sieb kalt abspülen und abtropfen lassen. Spargel waschen und die Enden schräg abschneiden. Die Stangen schräg in etwa 1 cm breite Stücke schneiden – das geht ganz schnell, wenn man sie in einer gestaffelten Reihe dicht an dicht auf dem Schneidebrett auslegt und gleich alle mit einem großen Messer schräg schneidet.

2 Die Spargelköpfe beiseitelegen.

3 Knoblauch und Ingwer schälen. Knoblauch in dünne Scheiben schneiden, den Ingwer fein hacken. Tomaten waschen, halbieren und in kleine Würfel schneiden. Das Koriandergrün waschen, trocken schütteln, Blättchen abzupfen und grob hacken.

4 Den Grill auf mittlere Hitze vorheizen und Öl in einer beschichten Pfanne erhitzen. Die Spargelstücke (ohne Köpfe) darin bei hoher Hitze knapp 1 Minute, ohne zu rühren, anbraten, dann unter Wenden weitere 2 Minuten braten.

5 Garnelen, Knoblauch und Ingwer zugeben und unter Wenden weitere 1–2 Minuten braten. Mit Sojasauce ablöschen. Sobald die Sauce verkocht ist, die Tomaten zugeben und mit Chilisauce, Salz und Pfeffer würzen. Die Garnelen offen bei mittlerer Hitze 6–8 Minuten braten, bis der Spargel gar ist und noch Biss hat. Dabei gelegentlich umrühren. Etwas Koriandergrün unterrühren und die Garnelen, mit übrigem Koriandergrün bestreut, servieren.

FÜR
4 PORTIONEN

# Fruchtige CEVICHE

*Diese Ceviche ist genau richtig, um einen Sommertag kulinarisch ausklingen zu lassen. Entweder als Beilage, aber auch als vollwertiges Gericht schlägt es hohe Wellen.*

## ZUTATEN

500 g Kabeljaufilet (ohne Haut)

8 Limetten

4 kleine rote Zwiebeln

Salz

250 g Ingwer

4 kleine Knoblauchzehen

1 Bund Koriander

2 rote Chilischoten

4 Avocados

4 Passionsfrüchte

## ZUBEREITUNG

1 Den Kabeljau mit einem scharfen Messer in etwa 1 cm große Würfel schneiden und diese in eine Glas- oder Keramikschale geben. Die Limetten zweimal kräftig mit der flachen Hand über das Schneidebrett rollen, damit die Fruchtkammern aufplatzen und mehr Saft herausfließt. Die Limetten auspressen und den Saft über die Fischwürfel geben. Alles gut vermengen, sodass der Fisch vollständig mit Limettensaft überzogen ist. Mit Frischhaltefolie abdecken und 15 Minuten ziehen lassen.

2 Die Zwiebeln schälen und in sehr feine Ringe schneiden. In eine Schüssel geben, mit Salz bestreuen und gut durchkneten. Abgedeckt ein paar Minuten ziehen lassen. Ingwer und Knoblauch ebenfalls schälen und fein hacken. Koriander samt der Stiele klein schneiden. Chili entkernen und so klein wie möglich hacken. Die Avocados halbieren, Kern entfernen, das Fruchtfleisch aus der Schale lösen, fein würfeln und zu den Zwiebeln geben.

3 Die Passionsfrüchte halbieren, das Fruchtfleisch mit einem Teelöffel herauskratzen und dazugeben, zum Schluss noch Ingwer, Koriander und Knoblauch untermischen.

4 Den überschüssigen Limettensaft vorsichtig von den Kabeljauwürfeln abgießen, den Fisch nun unter die Avocado-Mischung geben und alles kräftig mit Salz abschmecken. Die fertige Ceviche auf einen Teller geben.

25

# Rezepte
# PIZZA & FLAMMKUCHEN

FÜR
4 PORTIONEN

# FLAMMKUCHEN mit Bärlauchpesto

*Knuspriger Teig, cremiger Belag und würziges Pesto – so geht Flammkuchen!*

## ZUTATEN

**Für den Flammkuchen**

2 Rollen Flammkuchenteig (Fertigprodukt)

200 g Radieschen

½ Bund Frühlingszwiebeln

250 g Crème fraîche

Salz, Pfeffer

150 g Feta

**Für das Pesto**

100 g Pinienkerne

400 g Bärlauch

100 g geriebener Parmesan

150 ml Pflanzenöl

50 ml Olivenöl

Salz

**Außerdem**

Schamott- oder Pizzastein

## ZUBEREITUNG

1. Den Grill mit Schamottstein auf indirektes Grillen bei hoher Hitze vorbereiten.
2. Für das Pesto Pinienkerne in einer Pfanne ohne Fett kurz anrösten und anschließend etwas abkühlen lassen.
3. Bärlauchblätter vorsichtig waschen und trocken tupfen. Mit Parmesan, Pinienkernen, Pflanzen- und Olivenöl und etwas Salz in der Küchenmaschine pürieren, bis ein cremiges Pesto entsteht.
4. Den Flammkuchenteig jeweils ausbreiten. Radieschen waschen und putzen, anschließend in dünne Scheiben schneiden oder hobeln. Frühlingszwiebeln waschen, trocken tupfen und in dünne Ringe schneiden.
5. Crème fraîche mit etwas Salz verrühren und den Flammkuchenteig damit bestreichen. Bärlauchpesto darauf verteilen, dann mit Frühlingszwiebeln belegen. Feta zerbröckeln und ebenfalls darauflegen. Mit Pfeffer bestreuen.
6. Flammkuchen auf den Schamottstein legen und bei geschlossenem Deckel in etwa 5–10 Minuten knusprig backen. Später die gehobelten Radieschen darauf verteilen.

## TIPP

*Wenn Sie keinen Schamottstein haben, können Sie den Flammkuchen auch auf einen mit Backpapier belegten Rost geben und entweder mit Deckel oder Alufolienabdeckung (s. S. 20) backen. Hier können Sie den Flammkuchen für ein paar Minuten auf direkte Hitze geben, aber Achtung, dass es nicht zu heiß wird und der Boden nicht anbrennt!*

FÜR
4 PORTIONEN

# Pizza VEGETARIA

*Pizza darf bei einem (Camping-)Urlaub einfach nicht fehlen! Und dafür brauchen Sie nicht in die nächste Pizzeria gehen. Mit einem Grill können Sie nämlich ganz einfach selbst Ihre Lieblingspizza zaubern.*

## ZUTATEN

400 g Pizzateig (Fertigprodukt)

700 g stückige Tomaten (aus der Dose)

1 Bund Basilikum

Meersalz

4 EL Olivenöl

12 mittelgroße Brokkoliröschen

12 mittelgroße Blumenkohlröschen

6 Champignons

1 Paprika

2 Kugeln Mozzarella (à 125 g)

2 Frühlingszwiebeln

**Außerdem**

Schamott- oder Pizzastein

## ZUBEREITUNG

1 Pizzateig auf die Größe des Pizzasteins dünn ausrollen. Die Tomaten in eine Schüssel geben. Das Basilikum waschen, trocken schütteln, die Blätter abzupfen und fein hacken. Zu den Tomaten geben und mit Meersalz und Olivenöl abschmecken.

2 Die Brokkoli- und Blumenkohlröschen waschen und in kochendem Salzwasser 4 Minuten in einem Topf auf dem Campingkocher oder direkt auf dem Grillrost garen.

3 Die Champignons putzen und in Scheiben schneiden. Die Paprika halbieren, putzen, waschen und in feine Streifen schneiden.

4 Den Mozzarella in dünne Scheiben schneiden. Die Frühlingszwiebel waschen, in feine Ringe schneiden und beiseitestellen.

5 Den Pizzateig gleichmäßig mit der Tomatensauce bestreichen. Das Gemüse nach Belieben auf die Sauce geben und mit Mozzarella belegen.

6 Den Grill auf indirektes Grillen bei hoher Hitze vorbereiten, den Pizzastein auf den Grillrost legen und für ca. 8 Minuten vorheizen.

7 Die Pizza auf das Holzbrett legen, von dort direkt auf den Pizzastein schieben und für 8–9 Minuten bei geschlossenem Deckel grillen, bis der gewünschte Bräunungsgrad erreicht ist. Danach die Pizza mit den Frühlingszwiebeln garnieren.

FÜR
4 PORTIONEN

# FOCCACIA
## *multi colore*

*Ob als Beilage oder als Snack zum Teilen: Diese Focaccia ist einfach perfekt dafür. Wer sie knusprig mag, isst sie direkt frisch vom Grill. Wer sie weicher mag, lässt sie kurz unter einem Geschirrtuch auskühlen.*

### ZUTATEN

400 g Mehl

20 g frische Hefe (ca. ½ Würfel)

1 TL Honig (wahlweise Zucker)

6 EL Olivenöl

Salz

1 Zweig Rosmarin

2 kleine rote Zwiebeln

80 g in Öl eingelegte marinierte Artischockenherzen

je 25 g grüne und schwarze Oliven (ohne Stein)

50 g fingerdicke Mini-Salami am Stück

70 g in Öl eingelegte getrocknete Tomaten

**Außerdem**

grobes Meersalz

Schamott- oder Pizzastein

### ZUBEREITUNG

1 Den Grill mit dem Stein gut auf indirektes Grillen vorheizen

2 Für den Teig das Mehl in eine Schüssel geben und eine Mulde eindrücken. Hefe mit 100 ml lauwarmem Wasser und Honig verrühren und in die Mulde gießen. Zugedeckt an einem warmen Ort 15 Minuten gehen lassen. Mit 180–200 ml lauwarmem Wasser, 3 EL Olivenöl, 1 TL Salz mit den Knethaken des Handrührgeräts auf kleiner Stufe 4 Minuten kneten, dann in weiteren 5–6 Minuten zu einem glatten Teig verkneten. Zugedeckt an einem warmen Ort 1 Stunde gehen lassen.

3 Rosmarin waschen und trocken schütteln, die Nadeln abzupfen und klein hacken. Zwiebeln schälen und in dickere Ringe schneiden. Artischockenherzen und Oliven quer halbieren. Salami in Stücke schneiden. Ein Backblech mit Backpapier auslegen.

4 Den Teig durchkneten, in Blechgröße ausrollen und auf das Blech legen. Je ein Sechstel des Teiges mit einzelnen Zutaten belegen: ein Sechstel mit schwarzen und eines mit grünen Oliven, eines mit Artischocken, eines mit Salami, eines mit Tomaten und eines mit Zwiebelringen und Rosmarin. Die Zutaten jeweils ganz leicht in den Teig pressen. Zugedeckt 20–30 Minuten gehen lassen.

5 Den Teig mit dem Belag mit übrigem Olivenöl bepinseln oder beträufeln und mit etwas Meersalz bestreuen. Im Grill 12–15 Minuten mit aufgelegtem Deckel backen.

### TIPP

*Wenn Zeit oder Zutaten fehlen, können Sie auch 400 g fertigen Pizzateig verwenden.*

FÜR
6 PORTIONEN

# Pizette PICCOLINI

*Handlich, praktisch und soooo lecker!*
*Die kleinen Mini-Pizzen sind nicht nur für kleine Genießer ein echter Gaumenschmaus.*

## ZUTATEN

400 g Pizzateig (Fertigprodukt)

etwas Mehl

**Für den Belag**

2 EL Olivenöl

2 Knoblauchzehen (in Scheiben)

400 g stückige Tomaten (aus der Dose)

1 TL Zucker

Salz, Pfeffer

1 rote Zwiebel (in dünnen Ringen)

1 Bund Basilikum, gehackt

100 g schwarze Oliven, halbiert

150 g Pecorino, gehobelt

etwas Crema Balsamico

## ZUBEREITUNG

1 Für die Tomatensauce das Öl in einem Topf erhitzen und den Knoblauch darin kurz anbraten. Die Tomaten dazugeben, mit Zucker würzen und alles 15 Minuten köcheln lassen. Mit etwas Salz und Pfeffer abschmecken und abkühlen lassen.

2 Den Teig in 6 Portionen teilen und jede auf wenig Mehl zu einem dünnen Fladen ausrollen. Die Fladen auf der bemehlten Arbeitsfläche zugedeckt nochmals 30 Minuten ruhen lassen.

3 Das Gerät auf direktes Grillen mit sehr hoher Hitze vorbereiten aufheizen. Den heißen Grillrost mit etwas Öl bestreichen und die Pizzafladen darauf 3–5 Minuten grillen. Sobald sie leicht gebräunt sind, vorsichtig umdrehen und die zweite Seite braten, bis sich Blasen bilden. Die Fladen aus der direkten Hitzequelle nehmen, damit die Pizzafladen nicht anbrennen.

4 Die Teigfladen mit der Tomatensauce bestreichen und mit Zwiebeln, Basilikum, Oliven und Pecorinospänen bestreuen. Noch einige Spritzer Crema Balsamico darübergeben und servieren.

FÜR
4 PORTIONEN

# Mediterrane SCHINKENPIZZA

*Parmaschinken und frischer Babyspinat passen so gut zusammen auf eine Pizza, dass Sie dieses Rezept unbedingt probieren müssen.*

## ZUTATEN

400 g Pizzateig (Fertigprodukt)

700 g stückige Tomaten (aus der Dose)

1 Bund Basilikum

Meersalz

4 EL Olivenöl

2 Tomaten

2 Kugeln Mozzarella (à 125 g)

120 g Parmaschinken

40 g Babyspinat

**Außerdem**

Schamott- oder Pizzastein

## ZUBEREITUNG

1 Den Pizzateig auf die Größe des Pizzasteins dünn ausrollen. Die gehackten Tomaten in eine Schüssel geben. Das Basilikum waschen, trocken schütteln, die Blätter abzupfen und fein hacken. Zu den Tomaten geben und mit Meersalz und Olivenöl abschmecken. Die Tomaten waschen und in Scheiben schneiden. Den Mozzarella in dünne Scheiben schneiden. Den Babyspinat waschen und trocken schleudern.

2 Den Pizzateig gleichmäßig mit der Tomatensauce bestreichen.

3 Die Tomatenscheiben auf die Pizza geben und den Mozzarella gleichmäßig darauf verteilen.

4 Das Gerät auf indirektes Grillen bei hoher Hitze vorbereiten.

5 Die Pizza auf das Holzbrett legen und von dort vorsichtig auf den Pizzastein schieben. Für ca. 8–12 Minuten bei geschlossenem Deckel (oder Alufolienabdeckung) grillen, bis der gewünschte Bräunungsgrad erreicht ist. Danach die Pizza mit den Parmaschinkenscheiben belegen und den Babyspinat gleichmäßig darauf verteilen.

*Rezepte*

# SUPPEN & EINTÖPFE

FÜR
4 PORTIONEN

# SOMMEREINTOPF mit Salsiccia

*One-Pot-Gerichte sind einfach so praktisch. Sie sparen Zeit, langwierige Vorbereitungen und auch ein wenig Abwasch. Und somit sind derartige Gerichte einfach perfekt fürs Campen.*

## ZUTATEN

ca. 1,2 kg gemischtes Sommergemüse (s. Tipp)

2 Zwiebeln

2 Knoblauchzehen

4 Salsicce (ital. rohe Bratwürste; ca. 150 g)

4 EL neutrales Bratöl

2 TL Tomatenmark

6 EL trockener Weißwein

400 g stückige Tomaten (aus der Dose)

1,4 l Gemüsebrühe (wahlweise Gemüsefond)

Salz, Pfeffer

1 TL getrockneter Oregano

3 Msp. Chiliflocken

4 EL gehackte Petersilie zum Bestreuen

## ZUBEREITUNG

1 Den Grill vorheizen.

2 Das Gemüse waschen, putzen und in dünne Scheiben, Würfelchen oder Stücke schneiden (s. Tipp). Zwiebel und Knoblauch schälen und fein würfeln. Die Haut der Würste längs aufschlitzen und abziehen, das Wurstbrät in 2 cm große Stücke schneiden und eventuell von Hand leicht rund formen.

3 Öl in einem Suppentopf auf dem Grill erhitzen, darin die Wurstklößchen bei mittlerer Hitze rundum braun anbraten. Herausnehmen und das Bratfett bis auf einen kleinen Bodensatz ausgießen und erhitzen. Darin Zwiebel und Knoblauch bei mittlerer Hitze goldgelb andünsten. Tomatenmark zugeben und unter Rühren 1–2 Minuten anrösten. Gemüse zufügen und unter Wenden kurz andünsten, dann mit Wein ablöschen.

4 Die stückigen Tomaten und Brühe zugießen, mit Salz, Pfeffer, Oregano und Chiliflocken würzen. Alles zugedeckt bei niedriger bis mittlerer Hitze 20–25 Minuten köcheln lassen. 5–10 Minuten vor dem Garzeitende die Fleischklößchen zugeben. Den Eintopf, mit Petersilie bestreut, servieren.

## TIPP

*Im Sommer gibt es frisches Gemüse satt: Sorten wie Zucchini, Staudensellerie, Fenchel, grüne Bohnen, Kohlrabi oder auch Mangold sind immer eine gute Wahl. Auch lecker: Möhren und Erbsen. Unser Vorschlag für eine bunte Gemüsemischung: 1 Zucchini, 1 kleine Knolle Fenchel, 100 g grüne Bohnen, 1 Möhre und eventuell 3 Stangen Mangold (die Stängel gleich mit anbraten, die in Streifen geschnittenen Blätter später mit der gebratenen Wurst zugeben). Wer weder schälen noch schnippeln möchte, nimmt eine mediterrane TK-(Suppen-)Gemüsemischung und gibt sie unaufgetaut in den Topf.*

FÜR 4 PORTIONEN

# *Kräftige* KARTOFFELSUPPE

*Besonders an kalten oder verregneten Tagen ist eine leckere Kartoffelsuppe eine echte Wohltat. Für den Urlaub unterwegs ist sie perfekt, da sie super schnell zubereitet ist. Für eine vegetarische Variante die Wiener Würstchen einfach weglassen.*

## ZUTATEN

4 Zwiebeln

4 Möhren

400 g mehligkochende Kartoffeln

4 EL Butter

1 l Hühner- oder Gemüsebrühe

1 Bund Petersilie

4 Paar Wiener Würstchen

200 g Sahne

4 TL mittelscharfer Senf

Salz, Pfeffer

Muskat

## ZUBEREITUNG

1 Zwiebeln, Möhren und Kartoffeln zunächst schälen und dann in Würfel schneiden. Die Butter in einem Topf erhitzen und das Gemüse dann ca. 5 Minuten bei mittlerer Hitze darin anbraten, dabei gelegentlich umrühren und aufpassen, dass es nicht braun wird oder anbrennt. Dann mit Hühnerbrühe ablöschen und anschließend das Gemüse darin 20 Minuten richtig weich kochen.

2 In der Zwischenzeit die Petersilie fein hacken und die Würstchen in dünne Scheiben schneiden.

3 Nach dem Ende der Garzeit die Sahne und den Senf zur Suppe hinzugeben und alles mit dem Stabmixer pürieren. Die Würstchenscheiben dazugeben und noch 5 Minuten bei geringer Hitze ziehen lassen, aber Vorsicht: Die Suppe brennt sehr leicht an!

4 Zum Schluss mit Salz, Pfeffer und Muskat abschmecken und mit der gehackten Petersilie bestreuen.

FÜR
4 PORTIONEN

# Chili CON CARNE

*Ein deftiges Chili ist in der Regel immer eine hervorragende Wahl, wenn es darum geht, Hunger zu stillen.*

## ZUTATEN

2 Zwiebeln

2 Knoblauchzehen

je 2 rote und gelbe Paprika

125 g Kidneybohnen (aus der Dose)

2 EL neutrales Bratöl

500 g mageres Rinderhackfleisch

2 TL geräuchertes Paprikapulver

2 TL Chilipulver

1 TL gemahlener Kreuzkümmel

400 g stückige Tomaten (aus der Dose)

Salz, Pfeffer

1 kleines Bund Koriandergrün

200 g saure Sahne

2 TL Zitronensaft (wahlweise Limettensaft)

## ZUBEREITUNG

1 Zwiebeln und Knoblauch schälen und fein würfeln. Paprika halbieren, putzen, waschen und in Würfel schneiden. Kidneybohnen in ein Sieb abgießen, kalt abspülen und abtropfen lassen.

2 Öl in einem Topf erhitzen, darin das Hackfleisch unter Wenden bei hoher Hitze krümelig anbraten. Zwiebeln und Knoblauch zugeben und kurz mitdünsten. Paprikawürfel zugeben und unter Wenden 2–3 Minuten andünsten. Bohnen, Paprikapulver, Chilipulver und Kreuzkümmel einrühren. Die stückigen Tomaten und 100 ml Wasser zugießen, mit Salz und Pfeffer würzen. Alles zugedeckt bei niedriger Hitze 15–20 Minuten köcheln lassen.

3 Inzwischen das Koriandergrün waschen, trocken schütteln, Blättchen abzupfen und fein hacken. Mit saurer Sahne und Zitronensaft verrühren und mit Salz würzen.

4 Das Chili mit Salz, Pfeffer und eventuell etwas Chilipulver abschmecken. Mit je einem Klecks saurer Sahne in Schalen anrichten. Übrige saure Sahne mit Koriander extra dazu reichen.

FÜR
4 PORTIONEN

# MUSCHELEINTOPF *mit Chorizo*

*Diesen Eintopf können Sie sowohl mit einem gusseisernen Topf direkt in der Grillglut, als auch auf einem Campingkocher zubereiten.*

## ZUTATEN

1 kg Vongole (Venusmuscheln)

400 g Chorizo-Wurst

1 Zwiebel

1 Knoblauchzehe

400 g Kartoffeln

200 g Kirschtomaten

200 g Paprika

3 EL Olivenöl

300 ml Weißwein

½ EL gehackter Rosmarin

½ EL gehackter Thymian

500 ml Gemüsebrühe

3 EL frische Petersilie

3 EL frisches Basilikum

50 g Passepierre-Algen (nach Belieben)

**Außerdem**

gusseiserner Topf

## ZUBEREITUNG

1 Die Muscheln unter kaltem Wasser gut abwaschen. Die Haut von der Chorizo abziehen und die Wurst grob zerteilen. Die Zwiebel, den Knoblauch und die Kartoffeln schälen und grob würfeln. Die Kirschtomaten halbieren. Anschließend die Paprika vom Kerngehäuse befreien und grob würfeln.

2 Den Topf in die heiße Glut stellen, das Olivenöl in den heißen Topf geben und Zwiebeln, Knoblauch und Chorizo darin scharf anbraten. Nach kurzer Zeit die Kartoffeln dazugeben und salzen. Die Zutaten mit dem Weißwein ablöschen, den Rosmarin und den Thymian dazugeben und mit der Brühe auffüllen. Den Topf mit seinem Deckel verschließen. ⅓ der heißen Briketts oder Kohlen auf dem Deckel und ⅔ unter dem Topf verteilen.

3 Kurz bevor die Kartoffeln gar gekocht sind, die Paprika und die Muscheln ebenfalls dazugeben. Erneut salzen und pfeffern und anschließend weitere 15 Minuten gar kochen.

4 Zum Schluss die Petersilie und das Basilikum waschen, fein hacken und optional zusammen mit den Passepierre-Algen in den Eintopf geben.

FÜR
4 PORTIONEN

# Kichererbsen-EINTOPF

*Generell lässt sich beim Campen sagen: Erlaubt ist, was schmeckt. Deswegen wurde dieser Eintopf mit Minze ordentlich aufgepeppt. Versuchen Sie es!*

## ZUTATEN

480 g Kichererbsen (aus der Dose)

4 Zwiebeln

3 Knoblauchzehen

2 rote Chilischoten

4 Möhren

4 EL Öl

1,6 l Gemüsebrühe

20 Cocktailtomaten

1 Bund Minze

Abrieb und Saft von 4 Bio-Orangen

Salz, Pfeffer

2 TL gemahlener Kreuzkümmel

## ZUBEREITUNG

1 Die Kichererbsen in ein Sieb geben, kalt abbrausen und abtropfen lassen. Zwiebeln und Knoblauchzehen schälen und fein hacken. Chilischoten waschen, entkernen und fein hacken. Möhren waschen, putzen und mit der Schale grob raspeln.

2 Das Öl in einem Topf geben, auf den Grillrost stellen und alles ca. 1 Minute darin anbraten. Dann die Kichererbsen dazugeben und 2 Minuten mitbraten. Nun mit der Brühe ablöschen, kurz aufkochen und dann gut 10 Minuten köcheln lassen. Zwischendurch einmal umrühren.

3 In der Zwischenzeit die Cocktailtomaten waschen und je nach Größe halbieren oder vierteln. Minzeblätter abzupfen und fein hacken. Beides zusammen mit Orangenschalen und -saft nach Ende der Kochzeit dazugeben und weitere 5 Minuten köcheln lassen. Zum Schluss mit Salz, Pfeffer und Kreuzkümmel abschmecken und nach Belieben mit dem Stabmixer leicht sämig pürieren.

FÜR
4 PORTIONEN

# Risi E BISI

*Cremiges Risotto mit einem Überraschungseffekt:
Die gebrannten Mandeln sind in diesem One-Pot-Gericht
der absolute Star!*

## ZUTATEN

1,2 l Gemüsebrühe

2 große Zwiebeln

Olivenöl

300 g Risottoreis

200 ml Weißwein

120 g Feta

80 g Parmesan

80 g gebrannte Mandeln (alternativ s. Tipp)

frischer Basilikum

200 g TK-Erbsen

8 EL Butter

Salz, Pfeffer

## ZUBEREITUNG

1 Zunächst die Brühe in einem kleinen Topf kurz aufkochen lassen, dann die Temperatur auf die niedrigste Stufe herunterregeln und die Brühe auf der Herdplatte ziehen lassen.

2 Die Zwiebeln schälen und fein würfeln. In einer Pfanne 1 EL Olivenöl erhitzen und die Zwiebelwürfel darin unter Rühren 1 Minute dünsten. Nun den Reis zugeben und unter Rühren 2 Minuten mitdünsten, dann mit Wein ablöschen und einkochen lassen. Nun so viel heiße Brühe zugeben, dass der Reis vollständig bedeckt ist. Offen bei mittlerer Hitze kochen, bis der Reis die gesamte Flüssigkeit fast aufgesogen hat, dabei gelegentlich umrühren. Mit der restlichen Brühe ebenso verfahren, bis der Reis nach 20 Minuten gar ist.

3 In der Zwischenzeit den Feta in kleine Würfel schneiden und den Parmesan reiben, die Mandeln sowie den Basilikum grob hacken. Die Erbsen 5 Minuten vor Ende der Garzeit in das Risotto einrühren. Nun noch beide Käsesorten und die Butter untermischen und das Risotto mit Salz und Pfeffer würzig abschmecken. Mit Mandeln und Basilikum bestreut, servieren und munter drauf los löffeln!

## TIPP

*Honig mit 4 EL Wasser in einer Pfanne erhitzen, die Nüsse mit dem Thymian hineingeben und so lange in der Pfanne lassen, bis das Wasser verdampft ist und die Nüsse vollständig vom Honig überzogen sind. Dabei immer wieder rühren, damit nichts am Pfannenboden kleben bleibt.*

FÜR 4 PORTIONEN

# LINSENSUPPE mit Speck

*Wie alle Hülsenfrüchte sind Linsen wahre Eiweißpakete – vollbepackt mit reichlich Ballaststoffen, haben sie sich zum heimischen Superfood gemausert. Gepaart mit nährstoffreichem Wurzelgemüse, wird daraus ein fantastischer Eintopf.*

## ZUTATEN

2 Zwiebeln

2 EL Sonnenblumenöl

300 g Berglinsen (getrocknet)

1 TL Tomatenmark

1 l Gemüsebrühe

2 Stangen Lauch

2 Möhren

1 Prise getrockneter Majoran

100 g magere Speckwürfel

Petersilie (nach Belieben)

Salz, Pfeffer

## ZUBEREITUNG

1 Die Zwiebeln schälen und in kleine Würfel schneiden. Das Öl in einem Topf erhitzen und die Zwiebeln darin bei mittlerer Hitze anbraten. Die Linsen dazugeben, das Tomatenmark unterrühren und die Brühe angießen. Die Linsen bei mittlerer Hitze 35–40 Minuten weich garen.

2 In der Zwischenzeit den Lauch putzen, waschen und in kleine Würfel schneiden. Die Möhren putzen, schälen und ebenfalls klein würfeln. Das Gemüse mit dem Majoran und den Speckwürfeln 10–15 Minuten vor Garzeitende zum Eintopf geben.

3 Nach Belieben etwas Petersilie waschen, trocken schütteln und grob zerzupfen. Die Suppe mit Salz und Pfeffer würzen, auf vier Teller verteilen und, mit der Petersilie bestreut, servieren.

# Rezepte
# SALATE

FÜR
4 PORTIONEN

# Knusprig-frischer BROTSALAT

*Sie haben noch Brötchen vom gestrigen Grillabend übrig?
Dann zaubern Sie daraus einen knusprig-leckeren Brotsalat!*

## ZUTATEN

4 Ciabattabrötchen

8 EL Olivenöl

500 g bunte Cocktailtomaten

1 Bio-Gurke

2 Knoblauchzehen

2 TL getrockneter Rosmarin

2 TL getrockneter Oregano

Salz, Pfeffer

4 Kugeln Büffelmozzarella

1 Bund Basilikum

## ZUBEREITUNG

1 Ciabatta würfeln. 1 EL Olivenöl in einer großen Pfanne erhitzen und die Brotwürfel darin bei mittlerer Hitze rösten, bis sie schön kross sind. Dabei immer mal wieder wenden.

2 Anschließend das Gemüse waschen. Tomaten halbieren. Gurke halbieren, die Kerne mit einem kleinen Löffel entfernen und würfeln. Die Knoblauchzehen schälen und fein hacken. Mit dem restlichen Olivenöl, getrockneten Kräutern, Salz und Pfeffer in einer großen Schüssel zu einem Dressing mischen. Tomaten und Gurkenwürfel zugeben und alles gut vermengen. Mozzarella abgießen und mit den Fingern in grobe Stücke zupfen, Basilikumblättchen von den Stängeln zupfen und in feine Streifen schneiden.

3 Kurz vor dem Servieren Brotwürfel und Mozzarella unter den Salat mischen und mit Basilikumblättchen garnieren.

FÜR
4 PORTIONEN

# Leichter NUDELSALAT

*Wenn der Grill sowieso schon im Einsatz ist, lohnt es sich auf dem Rost eine Portion Nudeln zu kochen. Dann haben Sie gleich die Grundzutat für eine leckere Beilage zubereitet.*

## ZUTATEN

400 g Nudeln

Salz

ca. 285 g getrocknete Tomaten in Öl (aus der Dose)

Weißweinessig

Pfeffer

1 TL Zucker

250 g Cocktailtomaten

1 Bund Rucola

200 g frische Champignons

50 g Pinienkerne (alternativ Sonnenblumen- oder Kürbiskerne)

## ZUBEREITUNG

1. Nudeln in leicht gesalzenem Wasser al dente kochen und sie anschließend mit kaltem Wasser abspülen.
2. Die getrockneten Tomaten abtropfen lassen und klein schneiden. Das Öl aus der Dose mit dem Weißweinessig, Salz, Pfeffer und Zucker gut vermengen.
3. Tomaten klein schneiden, Rucola gut abwaschen. Champignons säubern, in dünne Scheiben schneiden und in einer Pfanne ohne Fettzugabe leicht andünsten.
4. Anschließend die Pinienkerne oder alternativ andere Kerne ohne Fettzugabe in einer Pfanne anrösten.
5. Jetzt alle Zutaten mit den Nudeln gut vermengen. Noch einmal mit Salz und Pfeffer abschmecken und mindestens 1 Stunde kühl stellen.

FÜR 4 PORTIONEN

# Rheinischer KARTOFFELSALAT

*Rheinischer Kartoffelsalat ist eine DER Grillbeilagen in Deutschland. Mit Kartoffeln vom Grill erhält dieser Klassiker eine neue raffinierte Note.*

## ZUTATEN

6–7 mittelgroße Kartoffeln

4 Eier (Größe M)

100 g Gewürzgurken, plus etwas Einlegesud

6 TL Mayonnaise (S. 124)

2 TL Frischkäse

Weißweinessig

Salz, Pfeffer

## ZUBEREITUNG

1 Den Grill auf indirektes Grillen bei mittlerer Hitze vorbereiten.

2 Die Kartoffeln mit Schale 20 Minuten vorkochen und anschließend pellen. Dann in eine Auflaufform geben. Die rohen Eier auf den Rost legen und beides für 60 Minuten darauf bei indirekter Hitze räuchern.

3 Währenddessen das Dressing anrühren. Die Gurken in kleine Würfel schneiden. Die Mayonnaise und den Frischkäse mit einem Schuss Weißweinessig und dem Gurkenwasser glatt rühren. Mit Salz und Pfeffer kräftig würzen und die Gurken unterheben. Kühlstellen.

4 Die Eier und Kartoffeln vom Grill nehmen. Die Kartoffeln halbieren und in Scheiben schneiden, die Eier schälen und ebenfalls klein schneiden. Anschließend mit dem Dressing vermengen. Am besten schmeckt der Salat, wenn er noch etwa 1 Stunde im Kühlschrank durchziehen konnte.

## TIPP

*Der Kartoffelsalat funktioniert natürlich auch ohne Grill. Dafür einfach die Kartoffeln etwas länger und auch die Eier separat kochen.*

FÜR
4 PORTIONEN

# Gegrillter SOMMERSALAT

*Rein ins Grillvergnügen – der Sommersalat lässt sich wunderbar mit Tofu oder gegrilltem Käse kombinieren. Aber auch als Beilage für gegrilltes Fleisch ist dieser Salat eine gute Wahl.*

## ZUTATEN

1 Knoblauchzehe

1 Chilischote

1 Zweig Thymian

2 EL Currypulver

Salz

6 EL Olivenöl

3 Fenchelknollen

2 gelbe Zucchini

10 Kirschtomaten

Aceto balsamico bianco

Petersilie

## ZUBEREITUNG

1 Die Knoblauchzehe schälen und hacken, eine Chilischote waschen, entkernen und hacken. Thymian waschen, trocken schütteln und die Blättchen hacken.

2 1 TL Knoblauchstückchen, 1 EL Thymian, ½ TL gehackte Chilischote, Currypulver mit etwas Salz und dem Olivenöl in einer Schüssel verrühren. Fenchelknollen, Zucchini und Tomaten waschen. Fenchel in den Ecken jeweils einschneiden. Die Enden der Zucchini abschneiden und die Zucchini in grobe Stücke schneiden. die Stielansätze der Kirschtomaten entfernen.

3 Das Gemüse in eine große Schüssel geben und mit dem Curry-Olivenöl gründlich marinieren.

4 Den Grill auf direktes Grillen vorbereiten und Zucchinistücke und Fenchel bei direkter Hitze auf dem Rost grillen, bis das Gemüse Farbe bekommt. Dann auf die indirekte Seite legen, die Kirschtomaten dazulegen und bei geschlossenem Deckel gar grillen. Das dauert etwa 5–10 Minuten.

5 Petersilie waschen, hacken und Salat damit garnieren. Das Gemüse vom Grill nehmen und in eine große Schüssel geben, mit etwas Aceto balsamico und frischer Petersilie abschmecken, warm servieren.

FÜR
4 PORTIONEN

# Italienischer NUDELSALAT

*Besonders zu Fleisch passt dieser italienische Nudelsalat sehr gut!
Aber auch, wenn Ihnen sonst gar nicht noch nach großem Grillen ist:
Er kann auch schnell von der Beilage zum Hauptgericht werden.*

## ZUTATEN

400 g weiße (Riesen-)Bohnen (aus der Dose)

200 g grüne Bohnen

100 g kurze Nudeln

je 1 gelbe Paprika und Zucchini

1 Knoblauchzehe

50 g Pinienkerne

Pflanzenöl zum Braten

Salz, Pfeffer

8 Kirschtomaten

40 g Kapernäpfel

125 g Mini-Mozzarella

3 Stängel Basilikum

⅓ Bund Petersilie

**Für das Dressing**

½ TL gemahlener Kreuzkümmel

½ TL edelsüßes Paprikapulver

2 Msp. Chilipulver

4 EL Zitronensaft

1 EL Weißweinessig

2 TL Senf

1½ TL Honig

5 EL Olivenöl

Salz, Pfeffer

## ZUBEREITUNG

1 Die weißen Bohnen in ein Sieb abgießen, kalt abbrausen und abtropfen lassen. Die grünen Bohnen waschen, putzen und einmal halbieren. Ausreichend Wasser in einem Topf aufkochen und leicht salzen. Die Nudeln hineingeben und nach Packungsanweisung bissfest garen, dabei für die letzten 8 Minuten die grünen Bohnen zugeben und mitgaren. Beides in ein Sieb abgießen, kalt abschrecken und abtropfen lassen.

2 Währenddessen die Paprika halbieren, putzen, waschen und 1 cm groß würfeln. Die Zucchini waschen, putzen, längs vierteln und die Viertel in 5 mm dicke Scheiben schneiden. Den Knoblauch schälen und fein würfeln. Die Pinienkerne in einer Pfanne ohne Fett rösten, bis sie bräunen, herausnehmen. Ausreichend Öl in der Pfanne erhitzen, Paprika und Zucchini darin 2–4 Minuten unter Rühren braten, dabei nach der Hälfte der Zeit den Knoblauch untermischen und mitbraten. Salzen, pfeffern und herausnehmen. Die Tomaten waschen, halbieren, dabei den Stielansatz entfernen. Die Kapernäpfel nach Wunsch halbieren.

3 Für das Dressing Kreuzkümmel, Paprika- und Chilipulver mit Zitronensaft, Essig, Senf und Honig verrühren. 6 EL Wasser unterrühren, dann das Öl kräftig unterschlagen, gut salzen und pfeffern. Das Dressing mit Nudeln, beiden Bohnensorten, Zucchini, Paprika, Tomaten und Kapernäpfeln mischen und 30 Minuten ziehen lassen.

4 Inzwischen den Mozzarella abgießen und nach Wunsch halbieren. Die Kräuter waschen, trocken schütteln und grob hacken. Alles mit den Pinienkernen unterheben und servieren.

FÜR
4 PORTIONEN

# Grüner BOHNENSALAT

*Diese knackigen grünen Bohnen, verfeinert mit würzig-zitronigen Aromen, schmecken wunderbar zu gegrillten Lammkoteletts (S. 24) oder gebratenem Fisch (S. 40).*

## ZUTATEN

**Für den Bohnensalat**

500 g grüne Bohnen

Salz

1 Zwiebel

2 Knoblauchzehen

1 Zweig Thymian

50 g grüne Oliven

4 EL Zitronenöl (s. unten)

Pfeffer

**Für das Zitronenöl**

3 Bio-Zitronen

500 ml Olivenöl

## ZUBEREITUNG

1 Für das Öl die Bio-Zitronen mit heißem Wasser abwaschen und mit einem Zestenreißer feine Zesten von der Schale abziehen. (Das geht auch mit einem Sparschäler – darauf achten, dass keine weiße bittere Haut dabei ist.) In einem Topf Wasser aufkochen. Die Zitronenzesten in ein Haarsieb geben und knapp 1 Minute im kochenden Wasser lassen. Auf Küchenpapier kurz abtropfen lassen, dann in eine Flasche oder ein entsprechendes Gefäß geben und mit dem Olivenöl begießen. Fest verschließen und 1 Woche dunkel und kühl lagern. Zum Schluss die Zitronenzesten vollständig entfernen.

2 Die Bohnen putzen und waschen. In einem Topf Salzwasser zum Kochen bringen, die Bohnen darin etwa 3 Minuten kochen lassen, dann abgießen und mit kaltem Wasser abschrecken. Abtropfen lassen.

3 Die Zwiebel und die Knoblauchzehen schälen und fein würfeln. Den Thymian waschen und die Blättchen abzupfen. Die Oliven entsteinen und in Streifen schneiden. In einer Pfanne 2 EL Zitronenöl erhitzen, die Zwiebel- und Knoblauchwürfel darin 1 Minute andünsten.

4 Die Bohnen hinzufügen und mit Salz und Pfeffer würzen.

5 Einige Minuten schwenken, dabei 2 Esslöffel Zitronenöl zugießen. Zuletzt Thymian und Olivenstreifen unterziehen.

6 Die Bohnenmischung in eine Servierschüssel füllen und den Salat heiß, lauwarm oder gut gekühlt genießen.

FÜR
4 PORTIONEN

# Caesar's SALAD

*Ein absoluter Klassiker unter den Salatkreationen, der in diesem Buch einfach nicht fehlen darf! Passt besonders an eher warmen Tagen beim Campen wunderbar in den Speiseplan.*

## ZUTATEN

**Für den Salat**

2 Hähnchenbrustfilet (à ca. 150 g)

2 TL flüssiger Honig

4 TL Olivenöl

1 TL edelsüßes Paprikapulver

Salz, Pfeffer

4 Romana-Salate

100 g Rucola

100 g Rauchmandeln

**Für das Dressing**

2 Sardellenfilets in Öl

2 Knoblauchzehen

2 Eigelb (Größe M)

1 TL Dijon-Senf

2–3 TL Zitronensaft

2 EL griechischer Joghurt (10 % Fett)

10 EL Olivenöl

2 EL frisch geriebener Parmesan

Salz, Pfeffer

## ZUBEREITUNG

1 Die Hähnchenbrustfilets kalt abspülen und trocken tupfen. Den Honig mit 1 TL Öl, Paprikapulver und etwas Pfeffer verrühren. Das Filet damit rundherum bestreichen und abgedeckt mindestens 1 Stunde kühl stellen.

2 Für das Dressing die Sardellenfilets fein hacken. Knoblauch schälen und ebenfalls fein hacken. Beides mit Eigelb, Senf, Zitronensaft und Joghurt in einen hohen Rührbecher geben. Alles pürieren, dabei nach und nach das Öl einlaufen lassen und untermixen, bis ein cremiges Dressing entstanden ist. Wenn das Dressing zu dickflüssig ist, 1–2 EL Wasser untermixen. Den Parmesan unterrühren. Das Dressing mit Salz und Pfeffer abschmecken.

3 Romana-Salat und Rucola putzen, die Blätter waschen und trocken schleudern. Den Rucola von den groben Stielen befreien. Rucola und Salat in mundgerechte Stücke zupfen oder schneiden und in einer Schüssel mischen.

4 1 TL Öl in einer beschichteten Pfanne erhitzen, darin das Hähnchenfilet pro Seite 6–7 Minuten braten, salzen und etwas abkühlen lassen. Rauchmandeln grob hacken. Hähnchenfilet in Scheiben schneiden und mit den Rauchmandeln auf dem Salat anrichten. Mit etwas Dressing beträufeln und den Rest Dressing extra zum Salat reichen.

## TIPP

*Das Fleisch am Vorabend oder morgens marinieren und abgedeckt in den Kühlschrank stellen. So ist alles startklar, wenn Sie das Abendessen zubereiten wollen.*

*Rezepte*

# BEILAGEN, SNACKS & FINGERFOOD

FÜR
4 PORTIONEN

# Beef-
# SANDWICH

*Darf es auch mal ein saftiges und vor allem vielschichtiges Sandwich auf die Hand sein?*

## ZUTATEN

1 Tomate

8 Scheiben Sandwich-Toast

4 Rinderhüftsteaks (à ca. 160 g)

Salz

240 g würziger Käse (z. B. Comté)

4 EL Remoulade oder Mayonnaise (S. 124)

4 Scheiben Kochschinken

## ZUBEREITUNG

1 Die Tomate waschen und in Scheiben schneiden.

2 Den Grill vorheizen und die Brotscheiben direkt unter der Flamme kurz anrösten, bis sie goldbraun sind.

3 Die Rinderhüftsteaks auf einen Grillrost legen und 1 Minute je Seite bei direkter Hitze grillen. Mit Salz bestreuen und anschließend ruhen lassen. Das Fleisch dann abkühlen lassen und in dünne Scheiben schneiden.

4 Den Käse fein reiben. Alle Brotscheiben von einer Seite mit Remoulade bestreichen und gleichmäßig mit dem Käse bestreuen. Schinken und Tomaten auf 2 Scheiben verteilen und die geschnittenen Steaks daraufgeben. Die übrigen Brotscheiben auf das Rind legen, die Außenseite je mit Remoulade bestreichen und etwas Käse daraufgeben.

5 Zum Finalisieren die Sandwiches für 10 Sekunden direkt unter die Flamme geben.

FÜR
4 PORTIONEN

# Chicken-WINGS

*Eines der wohl beliebtesten Finger-Food-Klassiker überhaupt: saftige, marinierte Chickenwings.*

## ZUTATEN

1 Knoblauchzehe

1 EL Sushi-Ingwer

1 Chilischote

1 TL geräuchertes Paprikapulver

1 Msp Cayennepfeffer

4 EL Cola

2 EL Sesamöl

1 EL Ketchup

1 EL Sweet-Chili-Sauce

Salz

1 kg Hähnchenflügel, roh

2 Bio-Zitronen

BBQ-Sauce (S. 128)

## ZUBEREITUNG

1 Den Knoblauch schälen und sehr fein hacken. Den Sushi-Ingwer und die Chilischote mit den Kernen ebenfalls sehr fein schneiden. Die vorbereiteten Zutaten zusammen mit den Gewürzen, Cola, Öl, Ketchup und Sweet-Chili-Sauce in einer Schüssel zu einer Marinade verrühren. Nach Belieben mit Salz abschmecken.

2 Die Hähnchenflügel in die Schüssel geben und die Marinade gut einmassieren. Alles zusammen etwa 1 Stunde ziehen lassen.

3 Den Grill auf indirektes Grillen bei hoher Hitze vorbereiten, die marinierten Flügel auf den Grillrost legen und bei geschlossenem Deckel 15–25 Minuten indirekt grillen.

4 Zusammen mit Zitronenscheiben und BBQ-Sauce servieren.

## TIPP

*Auch hier können Sie wieder zu Alufolie greifen und eine Abdeckung basteln, wenn Ihr Grillgerät keinen Deckel hat.*

FÜR 4 PORTIONEN

# Pfannen-KÜRBIS

*Für dieses Gericht verwenden Sie am besten einen Hokkaidokürbis. Diesen muss man nicht schälen, und er sorgt zugleich für den typischen Kürbisgeschmack.*

## ZUTATEN

1 Chilischote

1 walnussgroßes Stück Ingwer

1 Zweig Rosmarin

2 Zweige Thymian

2 EL Sweet-Chili-Sauce

4 EL Olivenöl

Salz, Pfeffer

1 Hokkaidokürbis

4 EL Kürbiskerne

200 g Schmand

4 EL Kürbiskernöl

**Außerdem**

gusseiserne Pfanne

## ZUBEREITUNG

1 Für die Marinade die Chilischote in feine Streifen schneiden. Den Ingwer schälen und in feine Stückchen schneiden. Den Rosmarin klein hacken und den Thymian zupfen. Etwas Thymian zum Garnieren beiseitelegen.

2 Die vorbereiteten Zutaten mit Sweet-Chili-Sauce und Olivenöl vermengen und mit Salz und Pfeffer abschmecken.

3 Den Hokkaidokürbis waschen, entkernen und in Spalten schneiden. Diese anschließend gut mit der Marinade einreiben.

4 Anschließend den Grill auf indirektes Grillen vorheizen, die Kürbisspalten in eine Pfanne geben, auf den Rost stellen und bei geschlossenem Deckel sowie indirekter Hitze etwa 20 Minuten indirekt grillen.

5 Die Kürbiskerne in einer Pfanne ohne Öl kurz anrösten.

6 Die Kürbisspalten vor dem Servieren leicht zerdrücken und mit Schmand, den gerösteten Kürbiskernen und etwas Kürbiskernöl anrichten. Mit dem gezupften Thymian garnieren.

FÜR
4 PORTIONEN

# Mais MAL 2

*Gegrillter Maiskolben zählt zu den Grillklassikern schlechthin. Und wer noch etwas Mais über hat, kann auch gleich mit selbst gemachtem Popcorn punkten.*

## ZUTATEN

**Für den Kolben**

4 Maiskolben, gekocht und vakuumiert

80 g Butter

4 EL Olivenöl

4 Zweige Zitronenthymian

2 TL brauner Zucker

Salz

**Für das Popcorn**

1 Chilischote

10 Blätter Koriander

1 EL Zucker

2 EL Sweet-Chili-Sauce

1 EL Sesamöl

4 Handvoll Popcorn (nach Belieben süß oder gesalzen)

½ TL fermentierter Pfeffer

**Außerdem**

gusseiserne Pfanne

## ZUBEREITUNG

1. Für die Maiskolben 4 gleich große Stücke Alufolie zum Einwickeln vorbereiten.
2. Jeweils 20 g Butter, 1 EL Olivenöl und 1 Zweig Thymian auf die Folie geben. Nun je einen halben TL braunen Zucker und etwas Salz darüberstreuen und den Maiskolben darauf platzieren. Anschließend zu schönen und vor allem dichten Päckchen aufrollen.
3. Die Päckchen auf den heißen Grillrost legen und bei hoher Hitze und geschlossenem Deckel 15 Minuten indirekt grillen. Anschließend eingepackt zur Seite legen.
4. Die Chilischote entkernen und in feine Stückchen schneiden. Die Korianderblätter ebenfalls fein schneiden.
5. Den Zucker in einer Pfanne auf dem Grill karamellisieren lassen. Die Sweet-Chili-Sauce, das Sesamöl und die Chili-Stückchen hinzugeben und umrühren. Das Popcorn in die Pfanne geben und noch einmal vermengen.
6. Das klebrig heiße Popcorn mit dem fermentierten Pfeffer und dem fein geschnittenen Koriandergrün bestreuen; alles auf ein mit Backpapier ausgelegtes Blech geben.
7. Die Maiskolben auspacken und mit dem Popcorn anrichten.

FÜR 4 PORTIONEN

# Grillkartoffeln MIT BBQ-DIP

*Ob zu Gemüse, Fleisch oder Fisch: Grillkartoffeln sind einfach die perfekte Beilage. Ein köstlicher Dip rundet zusätzlich ab.*

## ZUTATEN

**Für die geräucherten Drillinge**

600 g Drillinge (kleine Kartoffeln)

Salz

2 Lorbeerblätter

Salzflakes

2 Zweige Rosmarin

**Für den BBQ-Quark**

1 Zweig Rosmarin

200 g Quark, 40 % Fettgehalt

100 ml BBQ-Sauce (S. 128)

Salz, Pfeffer

**Außerdem**

Hickory-Späne

## ZUBEREITUNG

1. Die Kartoffeln in gut gesalzenem Wasser und mit 2 Lorbeerblättern bissfest kochen.
2. Hickory-Späne 20 Minuten in reichlich Wasser einweichen; anschließend auf die heiße Kohle geben. Die Drillinge auf dem Grillrost verteilen und bei 200 °C etwa 15 Minuten bei geschlossenem Deckel räuchern.
3. In der Zwischenzeit für den BBQ-Quark die Nadeln des Rosmarinzweigs sehr fein schneiden.
4. Quark, BBQ-Sauce, Rosmarin in eine Schüssel geben, ordentlich verrühren und mit Salz und Pfeffer abschmecken.
5. Die Drillinge vom Grill nehmen und mit dem BBQ-Quark auf einem Teller anrichten, mit den Salzflakes würzen und mit weiterem frischem Rosmarin garnieren.

## TIPP

*Alternativ zum Grillen mit geschlossenem Deckel können Sie die Kartoffeln auch in einem Päckchen aus Alufolie auf den Grillrost geben und 15–20 Minuten garen.*

FÜR
4 PORTIONEN

# Toast Hawaii RELOADED

*Bei diesem Gericht werden Kindheitserinnerungen wach.
Diese Deluxe-Version mit dem raffinierten Ananaskompott
wird Sie geschmacklich begeistern.*

## ZUTATEN

**Für das Ananaskompott**

¼ Ananas

1 kleine Schalotte

1 kleine Chilischote

1 Bio-Limette

1 TL Honig

1 TL Reisessig

1 TL Salz

1 Stängel Koriander

**Für das Sandwich**

4 Scheiben Sandwich-Toast

4 EL Remoulade oder Mayonnaise (S. 124)

60 g Kochschinken (in Scheiben)

50 g geriebener Mozzarella

## ZUBEREITUNG

1 Für das Ananaskompott die Ananas schälen, den Strunk entfernen und das Fruchtfleisch in kleine Würfel schneiden. Die Schalotte schälen und in kleine Würfel schneiden. Die Chilischote waschen, putzen und in feine Ringe schneiden. Die Limette heiß waschen, abtrocknen, Zesten von der Schale reißen und den Saft auspressen. Alles in einen Topf geben und ca. 5 Minuten köcheln lassen, bis die Flüssigkeit verkocht ist, dann abkühlen lassen.

2 Den Grill auf direktes Grillen vorbereiten, die Toast-Scheiben auf einen Grillrost legen und kurz direkt unter der Flamme rösten lassen. Die gerösteten Sandwich-Scheiben von einer Seite mit Remoulade bestreichen. Das Ananaskompott auf die Sandwich-Scheiben verteilen und mit dem Kochschinken belegen. Obenauf den Mozzarella gleichmäßig verteilen.

3 Die Sandwich-Scheiben wieder auf einen Grillrost geben und für ca. 20 Sekunden in den obersten Einschub direkt unter die Flamme geben, bis der Käse schmilzt und braun wird.

FÜR
6 PORTIONEN

# Riesen-CHAMPIGNONS

*Ein vegetarischer Klassiker – etwas anders interpretiert. Schärfe und Frische von Ingwer und Chili, zartschmelzender Käse und eine rauchige Note.*

## ZUTATEN

1 kleine Zwiebel

1 walnussgroßes Stück frischer Ingwer

1 kleine Chilischote

200 g Babyspinat

30 g Butter

Salz, Pfeffer

frisch geriebene Muskatnuss

6 Riesenchampignons

2 EL Olivenöl

60 g geriebener Cheddar

60 g geriebener Mozzarella

## ZUBEREITUNG

1 Zwiebel und Ingwer schälen und in feine Würfel schneiden. Die Chilischote waschen, putzen und in feine Ringe schneiden. Den Babyspinat waschen und trocken schleudern. Butter in einer Pfanne erhitzen und den Spinat zusammen mit Zwiebelwürfeln und Chili anbraten, bis er zusammenfällt. Mit Salz, Pfeffer und Muskatnuss würzen.

2 Die Pilze putzen, den Stiel entfernen und die Lamellen des Pilzes mit einem Löffel vorsichtig herausschaben. Die Pilze mithilfe eines Pinsels gleichmäßig mit Olivenöl einpinseln und mit Salz würzen.

3 Den Grill auf direktes Grillen bei mittlerer bis hoher Hitze vorheizen. Die Pilze auf einen Grillrost legen und 30 Sekunden je Seite bei direkter Hitze grillen.

4 Die Pilze mit dem Spinat füllen. Die beiden Käsesorten mischen und gleichmäßig auf den Pilzen verteilen.

5 Zum Finalisieren die Riesenchampignons für einige Sekunden direkt unter die Flamme geben, bis der gewünschte Bräunungsgrad erreicht ist.

FÜR
4 PORTIONEN

# Sardinen-BRUSCHETTA

*Knuspriges Brot trifft auf fruchtiges Zitronenöl und jede Menge Aroma im Topping – so schnell und einfach kann gutes Essen fertig sein!*

## ZUTATEN

4 reife Tomaten

6 Stängel frisches Basilikum

2 Frühlingszwiebeln

Salz, Pfeffer

170 g Sardinen in Öl eingelegt (aus der Dose)

1 kleiner Bund Rucola

1 Bio-Zitrone

4 EL Olivenöl

8 kleine Scheiben Bauernbrot

2 Knoblauchzehen

## ZUBEREITUNG

1 Die Tomaten waschen, trocken reiben, vierteln und entkernen. Das Fruchtfleisch klein würfeln. Das Basilikum waschen, trocken schütteln und die Blätter, bis auf einige zum Garnieren, fein hacken. Die Frühlingszwiebeln putzen, waschen und fein schneiden. Die vorbereiteten Zutaten mischen und mit Salz und Pfeffer würzen.

2 Die Ölsardinen abgießen, abtropfen lassen, evtl. entgräten und in kleine Stücke zupfen. Den Rucola waschen, trocken schütteln und grobe Stiele entfernen. Die Zitrone heiß waschen, trocken reiben und etwas Schale fein abreiben. Mit 1 EL Öl mischen und mit Salz und Pfeffer würzen.

3 Den Grill auf direktes Grillen bei mittlerer bis hoher Hitze vorheizen und die Brote auf dem Rost kurz rösten. Die Knoblauchzehen schälen, halbieren und die Brote sofort nach dem Rösten damit einreiben.

4 Die Brote mithilfe eines Pinsels mit ca. 1 EL Öl einstreichen. Mit Rucola belegen und die Tomatenmischung und die Sardinenstücke darauf verteilen. Das Zitronenöl darüberträufeln.

5 Die Bruschettas mit Basilikum garnieren und servieren.

FÜR
4 PORTIONEN

# Antipasti VOM GRILL

*Als Beilage unschlagbar, aber auch als leichtes Mittagessen oder als Snack für zwischendurch: Grillgemüse geht wirklich immer!*

## ZUTATEN

je 1 gelbe, rote und grüne Paprika

1 Zucchini

1 Aubergine

**Für die Vinaigrette**

½ Zwiebel

4 EL Weißweinessig

½ TL mittelscharfer Senf

Salz und Pfeffer

Zucker

6 EL Olivenöl

1 Kästchen Kresse

## ZUBEREITUNG

1 Den Grill auf indirektes Grillen bei mittlerer Hitze vorbereiten.

2 Die Paprika halbieren, putzen und waschen. Die halbierten Paprika mit der Hautseite nach unten direkt in die Glut der Feuerbox legen und etwa 1 Minute grillen, bis die Haut schwarz ist. Die Paprikastücke in einen Plastikbeutel geben und für 5 Minuten „schwitzen" lassen.

3 Die Zucchini und die Aubergine waschen, putzen und in etwa ½ cm dicke Scheiben schneiden. Die Paprika häuten, noch einmal halbieren und mit den Auberginen- und Zucchinischeiben für 20 Minuten auf dem Grillrost bei indirekter Hitze grillen.

4 In der Zwischenzeit die Vinaigrette zubereiten. Die Zwiebel schälen und in feine Würfel schneiden. Den Weißweinessig mit Senf, Zwiebel und je 1 Prise Salz, Pfeffer und Zucker verrühren. Unter stetigem Rühren das Olivenöl hinzufügen, bis eine Emulsion entsteht und die Vinaigrette eine schöne Konsistenz hat.

5 Die Gemüsescheiben vom Grill nehmen und mit der Vinaigrette überziehen, mit der frischen Kresse garnieren und servieren.

FÜR
4 PORTIONEN

# *Gegrillter* GEMÜSE-TONNATO

*Überraschung! Hier verstecken sich anstatt Kalbfleisch gegrillte Zucchini- und Auberginenscheiben unter der cremigaromatischen Thunfischsauce. So geht Gourmetküche beim Campen!*

## ZUTATEN

**Für das Gemüse**

je 4 Zucchini und Auberginen

Salz

2–3 EL Olivenöl

**Für die Sauce**

2 kleine Dosen Thunfisch in Öl eingelegt

2 Sardellenfilets (aus der Dose)

2 Eigelb (Größe S)

2 EL Kapern

3–4 TL Zitronensaft

2 EL Aceto balsamico bianco

200 ml Olivenöl

Salz, Pfeffer

**Außerdem**

Zitronenscheiben, Kapern und Basilikum zum Anrichten

## ZUBEREITUNG

1 Die Zucchini und die Auberginen waschen und die Enden entfernen. Das Gemüse der Länge nach in dünne Scheiben schneiden. Auf einem Tablett ausbreiten, mit etwas Salz bestreuen und ca. 10 Minuten ziehen lassen.

2 Inzwischen für die Sauce den Thunfisch abgießen und abtropfen lassen. Die Sardellenfilets abspülen und trocken tupfen. Beides in einen hohen Rührbecher oder Standmixer geben. Das Eigelb, die Kapern, den Zitronensaft, den Essig und 1–2 EL Wasser zugeben und alles mit einem Pürierstab oder im Standmixer fein pürieren. Nun langsam, am Anfang tropfenweise, das Öl einlaufen lassen und untermixen, sodass eine cremige Sauce entsteht. Eventuell noch etwas Wasser hinzugeben, damit die Sauce geschmeidiger wird. Mit Salz und Pfeffer abschmecken und kalt stellen.

3 Die Gemüsescheiben mit Küchenpapier trocken tupfen. Das Öl nach und nach in einer Pfanne oder Grillpfanne erhitzen und die Gemüsescheiben darin portionsweise jeweils ca. 5 Minuten unter Wenden braten. Auf einer großen Platte nebeneinander ausbreiten und die Thunfischsauce darübergeben. Mit ein paar Zitronenscheiben, Kapern und etwas Basilikum anrichten. Dazu schmeckt ein frisches Ciabatta bzw. Baguette.

FÜR
4 PORTIONEN

# Gegrillter HALLOUMI

*Halloumi ist der klassische Grillkäse und das zu Recht! Er schmilzt nicht davon und entwickelt wunderbare Grillaromen.*

## ZUTATEN

3–4 kleine gelbe oder grüne Zucchini

1 Bund Radieschen

50 g Walnusskerne

4 EL Walnussöl

50 g Parmesan oder Pecorino, frisch gerieben

Salz, Pfeffer

etwas Rapsöl

400 g Halloumi-Käse (in Scheiben)

Sprossen nach Wahl

## ZUBEREITUNG

1. Zucchini waschen, die Enden abschneiden, anschließend mit einem Gemüsehobel längs in Scheiben hobeln. Radieschen putzen, waschen und halbieren. Das Radieschen-Grün verlesen.
2. Walnüsse grob hacken und mit Walnussöl und geriebenem Käse zu einem Pesto mörsern, mit Salz und Pfeffer abschmecken.
3. Das Gerät auf direktes Grillen bei mittlerer bis hoher Hitze vorbereiten.
4. Zucchinischeiben mit etwas Rapsöl bestreichen. Mit dem in Scheiben geschnittenen Halloumi und den Radieschenhälften einige Minuten grillen, bis sich schöne Grillspuren bilden.
5. Zucchini wie Spaghetti aufdrehen und auf Tellern anrichten. Mit den gegrillten Radieschen und dem Halloumi belegen und mit Pesto überziehen. Zum Schluss mit frischen Sprossen und Radieschen-Grün garnieren.

Ketchup

BBQ

*Rezepte*

# DIPS & SAUCEN

FÜR 1 GLAS

# Cremige MAYONNAISE

*Egal wo und was Sie grillen – ohne Dips und Saucen ist das Grillvergnügen ja nur halb vorhanden. Den Start für die besten Grillbegleiter macht die klassische Mayonnaise.*

## ZUTATEN

2 Eier

2 TL Senf

2 TL Zitronensaft

250 ml Sonnenblumenöl

Salz

weißer Pfeffer

## ZUBEREITUNG

1. Das Eigelb vom Eiweiß trennen. Das Eigelb zusammen mit dem Senf und Zitronensaft in einer großen Schüssel mit einem Schneebesen verquirlen.
2. Tropfenweise das Öl hinzufügen und für etwa 1 Minute schlagen. Sobald die Masse dicker wird, langsam das restliche Öl hinzufügen und weiterschlagen, bis eine homogene Masse entstanden ist.
3. Mit Salz und weißem Pfeffer abschmecken.

## TIPP

*Damit die Mayonnaise gelingt, müssen alle Zutaten die gleiche Temperatur haben. Deshalb sollten Sie sie rechtzeitig aus dem Kühlschrank nehmen.*

FÜR
1 FLASCHE

# Homemade KETCHUP

*Hausgemachter Ketchup hat nicht viel mit dem zu tun, was die meisten unter Ketchup verstehen – er ist viel besser! Neben leckeren Gewürzen und weniger Zucker ist es der frische Geschmack, der das Selbstkochen lohnend macht. Darf also auf keinem Camping-Ausflug fehlen!*

## ZUTATEN

1 kg reife Tomaten

200 g gelbe Zwiebeln

2 Knoblauchzehen

Sonnenblumenöl

3 EL Tomatenmark

80 g Rohrohrzucker

80 ml Weißweinessig

1 daumengroßes Stück geriebener Ingwer

2 Zimtstangen

10 Pimentkörner

3 TL Salz

## ZUBEREITUNG

1. Die Tomaten waschen, den Stielansatz herausschneiden und das Fruchtfleisch in grobe Stücke schneiden. Die Zwiebeln und den Knoblauch schälen, hacken und mit etwas Öl in einer Pfanne glasig anschwitzen. Das Tomatenmark hinzugeben und anrösten. Den Zucker einrühren und bei mittlerer Hitze karamellisieren lassen. Mit Essig ablöschen und die Tomaten hineingeben. Zimtstangen und Pimentkörner in ein Gewürzsäckchen geben und mit dem Ingwer zu den Tomaten setzen. Für etwa 1–2 Stunden einköcheln lassen.

2. Das Gewürzsäckchen entnehmen, die Masse durch ein Passiergerät oder feines Sieb streichen und direkt in heiß ausgespülte Flaschen oder Gläser abfüllen. Sofort verschließen und kühl und dunkel lagern.

## TIPP

*Selbst gemachter Ketchup hat ungeöffnet eine Haltbarkeit von etwa 6 Monaten, einmal geöffnet sollte er innerhalb von einigen Wochen verbraucht werden.*

Ketchup

FÜR 1 GLAS

# BBQ-SAUCE

*Rauchig, rustikal und einfach unglaublich lecker. BBQ-Sauce verleiht Grillgerichten immer ein wenig mehr vom gewissen Etwas.*

## ZUTATEN

2 Schalotten

2 Knoblauchzehen

2 kleine Chilischoten

Pflanzenöl

2 Dosen ganze Tomaten

1 EL Senf

2 EL Rotweinessig

3 EL Worchestershiresauce

6 EL Zuckerrübensirup

2 TL Chilipulver

7 EL Liquid Smoke (flüssiges Raucharoma)

Salz, Pfeffer

## ZUBEREITUNG

1 Die Schalotten und den Knoblauch schälen und fein hacken. Die Chilischoten entkernen und ebenfalls fein hacken.

2 In einem Topf etwas Öl erhitzen und die Schalotten, Chilis und den Knoblauch darin anschwitzen. Die Tomaten hinzugeben und 15 Minuten köcheln lassen. Die Sauce pürieren und zum Schluss mit den restlichen Zutaten abschmecken.

BBQ

FÜR
2 PORTIONEN

# Dip-TRIO

*Das abendliche Grillvergnügen soll etwas mehr zu bieten haben, weil die Nachbarn vom Platz nebenan zu Besuch sind? Dann bieten Sie doch auch gleich 3 verschiedene Dips zu.*

## ZUTATEN

**Guacamole**

2 Avocados (essreif)

1 mittelgroße rote Zwiebel

2 Knoblauchzehen

5 Tomaten (ca. 400 g)

1–2 Jalapeños

1 Handvoll Koriander

1 Handvoll Petersilie

Saft von 2 Limetten

Salz, Pfeffer

**Sour Cream**

1 Handvoll Schnittlauch

200 g Kräuterquark

200 g Crème fraîche

Salz, Pfeffer

**Zaziki**

½ Salatgurke

1 TL Salz, plus etwas zusätzlich zum Abschmecken

400 g griechischer Joghurt

2 Knoblauchzehen

1–2 EL Olivenöl

## ZUBEREITUNG

**Für die Guacamole**

Die Avocados halbieren, den Kern entfernen und das Fruchtfleisch in eine Schüssel löffeln. Einen Kern zur Seite stellen. Die Avocados mit einer Gabel zerdrücken. Die Zwiebel und den Knoblauch schälen und fein hacken. Die Tomaten waschen, entkernen und klein schneiden. Die Jalapeños und Kräuter fein hacken, die Limetten entsaften. Alle Zutaten vermengen, mit Salz und Pfeffer abschmecken. Zur besseren Haltbarkeit den Avocadokern auf die Guacamole setzen.

**Für die Sour Cream**

Den Schnittlauch fein hacken und mit Quark und Crème fraîche vermengen. Mit Salz und Pfeffer abschmecken.

**Für das Zaziki**

Die Gurke waschen, entkernen, grob reiben, salzen und für 10 Minuten in einem Sieb entwässern lassen. Die Masse ausdrücken und unter den Joghurt rühren. Den Knoblauch schälen, fein hacken und zu dem Joghurt geben. Mit Olivenöl cremig rühren und mit Salz abschmecken.

I DID MY BEST

*Rezepte*

# SÜSSES & DESSERTS

FÜR
4 PORTIONEN

# Mandel-CRUMBLE

*Wer behauptet, dass es beim Camping-Grillen nur deftige Gerichte vom Rost gibt, der irrt sich gewaltig. Dass man auf süße Leckereien im Urlaub nicht verzichten muss, zeigt diese Mandel-Versuchung.*

## ZUTATEN

**Für den Mandel-Crumble**

150 g Butter

300 g Zucker

250 g Mehl

250 g gehobelte Mandeln

1 Vanilleschote

4 Kugeln Vanilleeis

etwas Puderzucker

Minze

**Für die Äpfel**

2 Äpfel

1 TL Honig

1 Msp. Zimt

Saft und Abrieb von
1 Bio-Zitrone

**Außerdem**

Alufolie

## ZUBEREITUNG

1. Butter, Zucker, Mehl und Mandeln in eine Schüssel geben. Das Mark der Vanilleschote hinzufügen und alles zu Streuseln kneten.
2. Die Äpfel schälen, entkernen und in Spalten schneiden. Die Spalten mit Honig, Zimt und dem Abrieb sowie dem Saft der Zitrone vermischen.
3. Den Grillrost mit ausreichend Alufolie belegen und Äpfel und Streusel darauf verteilen. Den Crumble mit einer weiteren Lage Alufolie abdecken. Achten Sie dabei darauf, dass der „Deckel" großzügig Raum lässt, sodass die Hitze gut zirkulieren kann.
4. Den Grill gut vorheizen, den Rost mit dem Crumble-Päckchen in den mittleren Einschub des Grills geben und etwa 25 Minuten backen, sprich indirekt grillen.
5. Den fertigen Crumble mit Vanilleeis auf einem Teller anrichten und mit etwas Puderzucker bestäuben. Nach Belieben mit etwas frischer Minze und weiteren Apfelspalten garnieren.

FÜR
4 PORTIONEN

# Stockbrot mit PFLAUMENFÜLLUNG

*Außen knusprig, innen fluffig – so geht perfektes Stockbrot!*
*Und wenn Sie einen Grill zur Hand haben, umso besser!*

## ZUTATEN

500 g Mehl

1 Pck. Backpulver

1 Prise Salz

50 g Zucker

8 EL neutrales Pflanzenöl

8 EL Milch

250 g Quark

1 kleines Stück Ingwer

Abrieb von 1 Bio-Zitrone

½ Vanilleschote

8 Stück Soft-Pflaumen

Puderzucker

**Außerdem**

4 Metzgerspieße (wahlweise Schaschlickspieße)

etwas Butter (nach Belieben)

## ZUBEREITUNG

1 Für den Teig das Mehl mit Backpulver und Salz in einer Schüssel vermengen. Zucker, Öl, Milch, Quark, ¼ TL geriebenen Ingwer, ¼ TL Zitronenabrieb und das Mark einer halben Vanilleschote hinzufügen. Alle Zutaten vermischen und zu einem glatten Teig verkneten. Den Teig zu einem Rechteck formen, in Klarsichtfolie wickeln und 20 Minuten im Kühlschrank ruhen lassen.

2 Auf jeden Spieß im oberen Bereich der Länge nach 2 Pflaumen stecken. Den Teig auf einer bemehlten Arbeitsfläche nochmals kurz durchkneten und in 4 gleich große Stücke teilen. Zu Strängen von etwa 30 cm wälzen.

3 Mit dem Teigstrang die Pflaumen umwickeln. Die Teigenden oben und unten gut andrücken. Bei offenem Grill und direkter Hitze ca. 10–14 Minuten grillen und die Spieße dabei häufig drehen, damit sie von allen Seiten gleichmäßig backen. Einen großen tiefen Teller bereitstellen und den Puderzucker darin verteilen. Jeden Spieß noch heiß in dem Puderzucker wälzen. Das Brot direkt vom Grill essen und nach Belieben mit Butter bestreichen.

FÜR
1 PIZZA

# Süße APFEL-PIZZA

*Eine süße und leckere Idee, wenn Kinder mitessen. Pizza mögen alle Kinder, und so gegrillt, schmecken auch Äpfel gleich doppelt so gut.*

## ZUTATEN

200 g Schmand

Zucker

2 Äpfel

1 Rolle Pizzateig (Fertigprodukt)

1 TL gemahlener Zimt

**Außerdem**

Schamott- oder Pizzastein

## ZUBEREITUNG

1 Schmand nach Geschmack mit Zucker süßen. Äpfel gründlich waschen, vierteln, entkernen und in dünne Scheiben schneiden.

2 Pizzateig ausbreiten und mit dem süßen Schmand bestreichen. Apfelscheiben auf dem Schmand verteilen und mit Zimt und Zucker bestreuen.

3 Den Grill vorheizen und die Pizza auf dem vorgeheizten Schamottstein bei geschlossenem Deckel etwa 20–25 Minuten backen.

## TIPP

*Auch bei diesem Rezept können Sie auf eine Abdeckung aus Alufolie zurückgreifen. Und auch wenn der Schamottstein nicht vorhanden ist, können Sie mit einem Grillrost Abhilfe schaffen.*

FÜR
4 PORTIONEN

# Honig-FEIGEN

*Sie wollen auf Ihrem Camping-Trip für etwas orientalischen Flair sorgen? Diese köstlichen Honigfeigen mit Pistazienkernen versetzen Sie in die magische Welt aus 1001 Nacht.*

## ZUTATEN

8 getrocknete Feigen

8 frische Feigen

100 g Pistazien

4 EL Honig

50 ml Weißwein

1 EL Butter

1 EL Thymianblätter

**Außerdem**

Backpapier

Bindfaden

## ZUBEREITUNG

1. Getrocknete Feigen in Scheiben schneiden, frische Feigen halbieren.
2. Getrocknete und frische Feigen mittig auf ein großes Stück Backpapier legen. Pistazien hacken und darüberstreuen. Honig, Weißwein, Butter und Thymian daraufgeben.
3. Backpapier zu einem Päckchen falten und oben mit dem Bindfaden verschließen (die Enden des Bindfadens dürfen nicht zu lang sein, damit sie nicht Feuer fangen). Den Grill auf 180 °C anheizen.
4. Die Feigen auf der indirekten Seite des Grills bei geschlossenem Deckel etwa 15 Minuten grillen.

## TIPP

*Schmeckt auch herrlich zum Frühstücksjoghurt mit Haferflocken!*

FÜR
4 PORTIONEN

# Erdbeer-MARSHMALLOW

*Darf es zwischendurch was Süßes sein?
Für Kinder und alle, die Marshmallows lieben,
sind diese Spieße ein absolutes Muss.*

## ZUTATEN

500 g frische Erdbeeren

50 g dunkle Schokolade

16 Marshmallows
(in mundgerechter Größe)

1 Handvoll Basilikum- oder Minzblättchen

**Außerdem**

8 Holz- oder Metallspieße

Grillschale

## ZUBEREITUNG

1 Den Grill für direktes Grillen bei hoher Hitze vorbereiten.

2 Erdbeeren putzen, vorsichtig waschen und trocken tupfen. Dunkle Schokolade klein raspeln.

3 Marshmallows in einer Grillschale bis zum gewünschten Bräunungsgrad rösten, vom Feuer nehmen und etwas abkühlen lassen.

4 Die gerösteten Marshmallows abwechselnd mit frischen Erdbeeren und Kräuterblättchen aufspießen und in geraspelter Schokolade wälzen.

I DID MY

# Rezepte
# GETRÄNKE

FÜR
6 GLÄSER

# Fruchtig-saure RHABARBERLIMONADE

*Ob zum Abend-BBQ oder für ein Gläschen zwischendurch – die süße Säure einer Rhabarberschorle belebt die Stimmung und erfrischt.*

## ZUTATEN

300 g Erdbeeren

500 g roter Rhabarber

1 l Wasser

10 EL Honig

Crushed Ice

6 Stängel Minze

Sprudelwasser (nach Belieben)

## ZUBEREITUNG

1. Die Erdbeeren und den Rhabarber waschen, putzen und in kleine Stücke schneiden. Etwas Rhabarber zum Dekorieren zur Seite stellen. Den Rest zusammen mit dem Wasser und dem Honig aufkochen und bei geringer Hitze für 15 Minuten köcheln lassen.
2. Die Limonade durch ein feines Sieb passieren und kalt stellen. Wenn Sie kein feines Sieb haben, können Sie die Limonade nach etwas Abkühlzeit auch durch ein Tuch abseihen.
3. Mit Crushed Ice, Rhabarberstücken und Minze servieren. Nach Bedarf mit etwas Sprudelwasser verdünnen.

## TIPP

*Anstatt Agavendicksaft können Sie auch Honig verwenden.*

FÜR
6 GLÄSER

# Pfirsich-EISTEE

*Hausgemacht und frei von künstlichen Geschmacks- und Aromastoffen kommt der Pfirsicheistee erst einmal dezent daher. Wenn man sich aber bewusst macht, dass so ein echter Pfirsicheistee schmeckt, überzeugt er auf ganzer Linie.*

## ZUTATEN

500 g Pfirsiche

1 l Wasser

6 EL Honig

3 Beutel grüner Tee

1 Bio-Zitrone

Eiswürfel

## ZUBEREITUNG

1. Die Pfirsiche waschen, entsteinen, das Fruchtfleisch in Würfel schneiden, zusammen mit dem Wasser und Honig in einen Topf geben und 15 Minuten köcheln lassen.
2. Den Topf vom Herd nehmen und den Inhalt auf 80 °C abkühlen lassen.
3. Den Tee hinzugeben und für 1 ½ Minuten ziehen lassen.
4. Die Flüssigkeit durch ein feines Sieb passieren und auf Trinktemperatur herunterkühlen. Die Zitrone in Scheiben schneiden.
5. Mit Zitronenscheiben und Eiswürfeln servieren.

FÜR
6 GLÄSER

# Ginger-Spice-EISTEE

*Trotz oder gerade wegen der leichten Schärfe ist ein eiskalter Ingwer-Eistee genau richtig als Erfrischung. Ingwer ist das ganze Jahr verfügbar und hat neben entzündungshemmenden Eigenschaften auch eine cholesterinsenkende Wirkung – was will man mehr?*

## ZUTATEN

1,2 l Wasser

60 g Ingwer, geschält

2 Bio-Zitronen

2 EL Honig

Eiswürfel

## ZUBEREITUNG

1. Das Wasser zum Kochen bringen. Währenddessen den Ingwer schälen und in dünne Scheiben schneiden. 1 Zitrone auspressen, die andere für die Dekoration in Scheiben schneiden.
2. Den Zitronensaft zusammen mit dem Honig und Ingwer zum Wasser geben. Den Eistee gut herunterkühlen.
3. Mit Eiswürfeln und Zitronenscheiben servieren.

MASON

FÜR
6 GLÄSER

# Erdbeer-LIMO

*Erdbeeren mag wohl jeder – auch als Limonade ist der Geschmack einfach unschlagbar. Zusammen mit der Minze wird daraus das perfekte Getränk für warme Sommertage.*

## ZUTATEN

500 g Erdbeeren

1 l Wasser

6 EL Honig

3 Bio-Zitronen

Eiswürfel

6 Stängel Minze

Sprudelwasser, nach Bedarf

## ZUBEREITUNG

1 Die Erdbeeren waschen, entkelchen, halbieren und zusammen mit dem Wasser und dem Honig aufkochen. Dann für 15 Minuten weiter köcheln lassen.

2 2 Zitronen auspressen 1 Zitrone für die Dekoration in Scheiben schneiden. Die Erdbeeren durch ein feines Sieb passieren, mit dem Zitronensaft vermengen und anschließend kalt stellen. Wenn Sie kein feines Sieb haben, können Sie die Limonade nach etwas Abkühlzeit auch durch ein Tuch abseihen.

3 Mit Eis, Zitronenscheiben und frischer Minze servieren. Nach Bedarf mit etwas Sprudelwasser verdünnen.

FÜR
6 GLÄSER

# Ratz-Fatz-EISKAFFEE

*Ein eiskalter Wachmacher am Morgen vertreibt Kummer und Sorgen! Diesen Eiskaffee können Sie perfekt auch abends schon vorbereiten und am nächsten Morgen eiskalt genießen.*

## ZUTATEN

1,2 l Kaffee

3 TL Zucker

Sahne (alternativ Milch)

etwas Kakaopulver

Eiswürfel

## ZUBEREITUNG

1 Den Kaffee kochen, den Zucker einrühren und anschließend gut abkühlen lassen.

2 Während der Kaffee abkühlt, die Sahne oder Milch mit etwas Kakaopulver leicht cremig schlagen.

3 Sobald der Kaffee ausgekühlt ist, portionsweise ein paar Eiswürfel in jedes Glas füllen und den Kaffee langsam eingießen.

4 Anschließend die leicht geschlagene Sahne oder Milch auf den Eiskaffee gießen und sofort servieren.

## TIPP

*Wenn Sie möchten, können Sie noch in jedes Glas eine Kugel Vanilleeis zusätzlich geben.*

FÜR
6 GLÄSER

# Black ICE TEA

*Herrlich erfrischend und wunderbar zitronig. So kann man definitiv in den Tag starten! Aber auch als Erfrischung für zwischendurch ist dieser Eistee bestens geeignet.*

## ZUTATEN

4 Beutel Earl-Grey-Tee

200 ml Wasser, kochend

1 großes Glas Eiswürfel + Eis zum Servieren

800 ml Wasser, kalt

2 Bio-Zitronen

4 EL Agavendicksaft

## ZUBEREITUNG

1 Die Teebeutel in eine Tasse geben, mit dem kochenden Wasser aufgießen und 3 Minuten ziehen lassen. Das Eis in eine Karaffe füllen, den Tee zugeben und mit dem kalten Wasser aufgießen.

2 1 Zitrone auspressen, die andere für die Dekoration in Scheiben schneiden. Den Saft der Zitrone hinzugeben und mit Agavendicksaft süßen.

3 Mit Zitronenscheiben und Eiswürfeln servieren.

FÜR
6 GLÄSER

# Erfrischendes GURKENWASSER

*Gurkenwasser ist ein leichter und erfrischender Drink, der schnell zubereitet ist. Wie bei allen Limonaden gilt: Je nach Geschmack kann man mehr oder weniger süßen, aber eines sollte sie sein, nämlich eiskalt.*

## ZUTATEN

1 Salatgurke

2 Handvoll Basilikumblätter

2 Limetten

1,2 l Wasser, kalt

6 EL Agavendicksaft

Eiswürfel

## ZUBEREITUNG

1 Drei Viertel der Gurke schälen und zusammen mit dem Basilikum in den Mixer geben. Die Limetten auspressen und zusammen mit dem Wasser ebenfalls dazugeben. Die Masse gut durchmixen.

2 Durch ein feines Sieb passieren und mit Agavendicksaft abschmecken. Den Rest der Gurke in feine Scheiben schneiden und zur Dekoration zu der Limonade geben. Mit Eiswürfeln servieren.

# Impressum



*Covergestaltung, Layout und Satz: Celina Reiser*

*Rezepte: Christoph Brand (S. 18–20, 32, 102–108, 134–136), Mora Fütterer (S. 46, 56, 74, 90, 138–140 ), Tanja Dusy & Inga Pfannebecker (S. 48–50, 68, 72, 96), Tanja Dusy (S. 60, 92, ), Jonathan Häde (S. 12–130, 146–152, 156–158), Stefanie Hiekmann (S. 62), Daniel Kauth (S. 52, 70, 76–84), Daniel Kuhlmey (S. 34, 58, 64, 100, 110–112, 116), Inga Pfannebecker (S. 114, 118, 154), Guido Schmelich (S. 22–28, 38–44, 120, 142), Britta Welzer & Svenja Mattner-Shahi (S. 30)*

*Bildnachweis: Volker Debus (S. 47, 57, 91, 139, 141), Jonathan Häde (S. 125, 127, 129, 131, 147, 149, 151, 153, 157, 159), Stefanie Hiekmann (S. 63), Julia Hildebrand & Ingolf Hatz (S. 93 Paul Ripke (S. 19, 21, 33, 103, 105, 107, 109, 135, 137), Klaus Einwanger (S. 61), Klara & Ida (S. 31, 115, 119, 155), Guido Schmelich (Kitchenkiss Photography) (S. 23, 25, 27, 29, 35, 39, 41, 43, 45, 59, 65, 75, 89, 101, 111, 113, 117, 121, 143), Katrin Winner (S. 49, 51, 69, 73, 97), Annamaria Zinnau (S. 53, 71, 77, 79, 81, 85)*

*Weitere Bildnachweise: © BublikHaus/Shutterstock (S. 9), © EvaL Miko/Shutterstock (S. 8), © Lucky Business/Shutterstock (S. 6), © Marben/Shutterstock (S. 11), © Mikhaylovskiy/Shutterstock (S. 6, 10), © Mr. and mrs. Black/Shutterstock (S. 6, 13), © Peera_stockfoto/Shutterstock (S. 2), © Photographee.eu (S. 11), © PhotoJuli86/Shutterstock (S. 10), RasaBasa/Shutterstock (S. 6), © Rawpixel.com/Shutterstock (S. 4/5), © Shebeko/Shutterstock (S. 15), © yoko13/Shutterstock (S. 11)*

*Produktmanagement und Lektorat: Franziska Pfister*

*ISBN 978-3-7459-1107-7*

*Printed in Polygraf Print, Čapajevova 44, 08001 Prešov, Slowakei*

*www.emf-verlag.de*